El ocaso de mi ídolo

Jorge Morales-Franceschi

ISBN13: 9798230054276

El ocaso de mi ídolo

Primera edición – diciembre 2024

JMF Publishers Group®

Para mamá en el cielo. Y desde luego, Yami, Alex…

Índice

Prólogo

La muerte de un ser querido siempre resulta un trago amargo difícil de asimilar. En mi caso, la muerte de mi madre supuso un punto de inflexión para mí. Hoy, no soy la misma persona que fui hasta el 25 de abril de 2023. Ni siquiera había terminado de familiar bien la enfermedad de mi mama, cuando me toco empezar a hacerme a la idea de que no la volvería a ver jamás, a escuchar sus regaños, o a probar su comida. Por mucho tiempo, di por sentado que mi mama siempre estaría conmigo, a fin de cuentas, siempre bromeaba diciendo que le gustaría vivir hasta los 105 años. El tener que lidiar con tanto en tan poco tiempo, te cambia la vida por completo, y te enseña precisamente, a nunca dar nada por sentado en esta vida, y empezar a apreciar las cosas pequeñas, y a las personas y momentos que son realmente importantes.

No fue sino hasta que llega el mes de diciembre de 2023, que siento todos los recuerdos de golpe, que finalmente entiendo que mi mama está muerta. Los meses anteriores fueron difícil, pero este diciembre en particular, era el más doloroso, ya que era la primera navidad sin ella. Navidad, su época favorita del ano. Este mes es aún más especial, ya que el 24 de diciembre de 2022 fue la última vez que la vi sana. Después de ese día, y por los subsiguientes cuatro meses, fui testigo de su deterioro tanto físico como emocional. Hasta este momento, la única referencia que tenía acerca del cáncer, era por películas y series de televisión. Nadie de nuestra familia nunca había enfermado de cáncer. De la peor manera, aprendí que esta enfermedad no es nada parecida a lo que muestra el cine y la televisión. Me toco ver a mi mama quejarse del dolor, desde el más leve hasta los gritos intensos pidiendo más fentanilo y morfina, a tal punto que tuvieron que sedarla. Ella siempre decía que no quería padecer, y aunque solo duro seis meses desde el diagnostico, los últimos cuatro meses, cuando su estado de salud se fue agravando, se sintieron como si hubiesen sido cuarenta años.

En este libro, más allá de contar sus últimos seis meses de vida, quise contar mi experiencia con esta enfermedad, dado que el cáncer, es algo que no solo altera por completo la vida del paciente, sino la dinámica familiar. No es algo con lo que se pueda lidiar solo. Fueron muchas las horas sin poder dormir, el estrés y la ansiedad, la incertidumbre de que pudiera pasar lo peor en cualquier momento.

Estoy enojado, y estoy triste, porque siento que luchamos tanto, porque le pedimos tanto a Dios por un milagro; a pesar de estar anuentes de lo avanzado que ya estaba su cáncer, no obstante, hago el esfuerzo por sentirme aliviado en cierta manera, porque al menos estoy seguro, que donde está mi mama ahora mismo, ya no está gritando, pidiendo auxilio por el dolor, ni padeciendo por esta enfermedad.

Capítulo 1

Lunes 3 de octubre de 2022. Son casi las seis de la mañana. Se prepara para salir. Estuvo despierta desde las cuatro de la mañana. Aun sin haber llegado al lugar de destino, un hospital, donde poca y nada asistencia en el pasado ha recibido, y aun sin haber escuchado la noticia que, cambiaria su vida para siempre, ella sabía que iba a morir. Solo que no sabía el cuándo ni el cómo. Eso estaba por definirse muy pronto.

La cita, a las siete de la mañana, puntual llega. Espera su turno. Afuera, un sol tropical, una sensación térmica indescriptible. Ella solo sabe rezar, por un milagro que sabe en el fondo, no va a llegar. Pese a las constantes oraciones, las cartas ya estaban echadas para sí. Piensa en que, quizás, todo esto se trate de un sueño. Y que, al despertar, todo volverá a la normalidad. Nada más alejado de la realidad.

Mientras tanto, en mi oficina, fría como un tempano de hielo, reviso algunos correos. Ignorante de todo lo que pudiera bien o no, estar pasando por su mente. Con todo el egoísmo y narcisismo que me caracteriza, me desconecto de la realidad, so pretexto que un mundo de compromisos es más importante. En retrospectiva, me hago la siguiente pregunta: ¿Tomaría la misma decisión si pudiera regresar el tiempo?

De vuelta al hospital, finalmente le llaman. Ella pasa adelante, el consultorio, un espacio reducido. La doctora en su escritorio, un café y unos pasteles a lado. Mientras se limpia la boca, revisa la computadora, y unos papeles sobre su escritorio.

—Señora Maria. ¿Cómo se siente? - Le dice con tono bastante irónico.

—Mas o menos doctora, el sangrado aun continuo. A veces tengo un dolor leve. Tomo una pastilla, y se me quita.

—Ya tengo los resultados la prueba que le hicimos. Para mí la prueba no es concluyente, pero todo parece indicar que se trata de un cáncer cérvico uterino, en estadio II. Le voy a referir al instituto oncológico nacional, para que pueda empezar el tratamiento cuanto antes.

En ese momento, todo aquello que había imaginado, se hacía realidad. No era lo mismo imaginarlo, a vivirlo en carne propia. Hace pocas horas, la respuesta a "como" era una incógnita, hoy era una realidad. Pese a haber rezado en la madrugada, y los días anteriores, y pensar que se encontraba en paz consigo misma, un nudo se apoderó de su garganta, el estrés y la ansiedad. Se le aguaron los ojos en ese momento. Mientras tanto, la doctora sigue bebiendo su café, indolente ante la situación, indiferente ante el sufrimiento de quien, quizás, no sea más que un numero de registro, una estadística más para el hospital, y para un sistema de salud, que va en caída libre.

—Bueno, ¿tiene usted alguna pregunta? - dice la doctora, con su voz grave, mientras termina su pastel de pollo.

—No, muchas gracias doctora. - responde, mientras toma los resultados impresos de los exámenes. Y se retira.

Al salir, un bullicio casi que ensordecedor, más ella no lo nota. En su mente, todos aquellos momentos, que le hicieron llegar hasta este preciso momento, al cual se mira, no más que un callejón sin salida. Baja las escaleras, sigue caminando. Sube hacia la avenida Perú. Mientras camina, tropieza y a punto de desmayarse, una vendedora de billetes de lotería nota la escena. Y se aproxima rápidamente al auxilio.

— ¿Qué le pasa señora? ¿Se siente bien?

—No, estoy mareada. Acabo de salir del hospital - responde, mientras aun lleva en la mano, los resultados de los exámenes.

—Mire, siéntese. Necesita descansar. - le dice la señora.

—Está bien, gracias.

— ¿Hay alguien a quien podamos llamar? Usted no luce bien para estar sola en la calle.

—Si, mi hijo. Voy a llamarlo.

Toma su celular, y me llama. Mientras tanto, en la oficina me encuentro en una reunión con el departamento de finanzas y planeación. Al ver la primera llamada, simplemente ignoro. Al fin y al cabo, siempre suele llamar por cosas insignificantes. Nuevamente vuelve a macar, y yo procedo a silenciar el teléfono celular. Sigo en mi reunión, y el teléfono deja de sonar, después de cinco llamadas perdidas. Al cabo de unos minutos, un número que no tengo guardado, me está llamando vía WhatsApp. Me parece extraño, pero ahora, tomando en consideración la insistencia anterior, pienso que quizás se trate de una emergencia. Empiezo a ponerme nervioso.

—Hola, buenos días. - Contesto.

— ¡Alo!, buenos días. ¿Usted es el hijo de la señora? - me dice.

— ¿De qué señora me está hablando? - respondo.

En el fondo, se escucha el ruido de ambiente de la calle. Y muy en el fondo, logro escuchar su voz, débil.

— ¿Cómo se llama? - le pregunta la señora que vende lotería en el fondo.

—Maria— responde.

—Creo que tendrá que venir a buscar a la señora. Como que recibió una mala noticia del hospital, y se puso mal.

—Entiendo, pero ¿dónde está? —pregunto, mientras la desesperación invade mí ya atribulado ser.

—Esto es en avenida Perú, al frente del Banco General— responde la señora.

—Está bien. Voy saliendo para allá.

Transfiero la llamada de Microsoft Teams con el departamento de planeación y finanzas, de la computadora al celular, y salgo para allá. No avisé en el trabajo, supuse que no habría de ser tan grave la situación, y que al final a nadie le importaría mis temas personales. Tal como se me enseñó cuando era pequeño, mantener todo y a todos al margen de mis temas personales.

En el camino, voy pensando en todos los posibles escenarios, pero sobre todo en las cinco llamadas perdidas previas a contestar el teléfono. A veces tendemos a dar por sentado las cosas, sin siquiera dimensionar en la gravedad de las consecuencias de las decisiones que tomamos. ¿Qué tal que esa hubiese sido la última vez que pude tan siquiera escuchar su voz? En retrospectiva, cada vez que pienso en este suceso, recuerdo todos los mensajes que leí y no respondí, las notas de voz que borré sin escuchar, los muchos mensajes que archivé, o las etiquetas en redes sociales que nunca respondí. Si tan solo tuviera la oportunidad de regresar el tiempo, respondería todos esos mensajes, no hubiese borrado esas notas de voz. Se que no hubiese podido cambiar el destino, pero al menos hoy tendría más oportunidades de escuchar su voz, cuando revisitar los consejos que me daba, y las muchas enseñanzas que habrán de servirme, por este largo sendero llamado vida.

Al llegar al lugar, le veo sentada junto a la señora que vende billetes de lotería. Luce bastante pálida, y con los ojos llorosos, ante la noticia recibida en el hospital. No sé si fue el fondo o la forma, pero lo que, si pude notar, fue lo afectada que estaba.

— ¿Qué le paso? - Pregunto desconcertado.

—La señora se puso mala - responde la señora de los billetes.

—Mamá, ¿Qué es lo que paso? ¿Qué le dijeron en el hospital? – pregunto nuevamente.

—Vámonos para la casa, por favor - responde.

– ¿Está segura? Estoy ahora mismo trabajando, pero podemos ir de vuelta al hospital si se siente muy mal.

—Hazme caso, por favor. Llévame a mi casa. – insiste.

—Está bien.

En el trayecto, no articula palabra alguna. Mientras tanto, yo sigo atendiendo la reunión del trabajo a través del celular. Noto su molestia, y nuevamente pregunto si todo está bien. No articula palabra en todo el viaje a casa.

Al llegar, se cambia de ropa y se pone a barrer y a sacudir el polvo, a pesar que todo estaba limpio. Al ver esto, decido regresar al trabajo.

– ¿Me vas a dejar sola? – pregunta en tono irónico.

– ¿Necesita que me quede? ¿Qué fue lo que pasó en el hospital?

—Nada, vete para el trabajo. Siempre el trabajo es más importante para ti. No importa nada más que ese lugar.

—He preguntado varias veces que ha pasado, y no me ha respondido. ¿Qué debo hacer?

—Nada, vete para tu trabajo. - grita, mientras tira la puerta y se encierra en su habitación.

Me quedo unos minutos sentado en la sala pensando en este caso lo peor. De haber sido una buena noticia, no hubiese titubeado en compartirla, no obstante, si es algo grave, ¿Por qué ocultarlo? Trato de buscar entre los papeles que trajo, a fin de encontrar algo que me diera alguna pista sobre qué fue lo que le dijeron en la cita médica. No encontré nada.

Decido regresar al trabajo, sin embargo, no paro de pensar en lo sucedido. Es un reto el poder concentrarme en las cosas que tengo que hacer. Pasadas algunas horas, escribo para saber si es necesario llevar algo. Demora en responder el mensaje de texto, entonces decido llamar por teléfono, luego de dos intentos, no me responde. Al pasar unos minutos, me escribe: "que quieres?", y yo respondo que solo quería saber si debía llevar algo camino a casa. En tono sarcástico responde que para que, si siempre llego muy tarde y me voy demasiado temprano en la mañana. Decido no tocar más el tema.

Al caer la noche, llego a casa. La encuentro sentada en la sala. Supongo que más tranquila, tal vez quiera hablar de lo sucedido. Me siento, y empieza a contarme todo lo que pasó en el hospital, y la forma en que la doctora la trató. Hasta este momento, las únicas referencias sobre el cáncer que tenía, eran producto del cine y la televisión. No tenía idea de lo que estaba por venir, ni de la aventura que nos esperaba. La dinámica familiar cambia; la cotidianeidad al punto que ocho de cada diez temas, tienen que ver con cáncer, pero de esto hablaremos más adelante.

—Bueno, si ese es el caso, hay que empezar el tratamiento. —le digo.

—Voy a buscar una segunda opinión. Esa mujer dice que los resultados no son concluyentes o algo así.

Yo no quiero hacer quimioterapia ni perder el cabello. Si hay una posibilidad de que me puedan operar, sin pasar por eso, debo aprovecharla.

—Lleva ya varias semanas sangrando, incluso fuimos al cuarto de urgencias y la refirieron con esta doctora. Yo no sé mucho de eso, pero no creo que eso sea normal a su edad. Creo que lo mejor es seguir las instrucciones de la doctora.

—Claro, porque no eres tú quien va a pasar por todo eso, ¿tienes idea de cómo es? Tú no estás en mi cuerpo ni sabes cómo me siento.

—No, pero precisamente por eso hay que seguir las instrucciones de los médicos. Ellos son los que saben.

—Ya saqué cita con otro médico. Me van a hacer la histeroscopia nuevamente.

— ¿Para cuándo es la próxima cita?

—Para dentro de dos semanas.

—Eso me parece demasiado tiempo. ¿Está segura de querer buscar otra opinión? Por lo que he leído y escuchado, en el hospital de cáncer la atención por parte del personal médico es buena.

—No sé ni para que hablo contigo o te cuento mis cosas. —responde molesta.

Se encierra en su habitación. Mientras yo trato de entender su punto de vista, y que en el fondo yo también quiero pensar que hay alguna esperanza, sin embargo, no teníamos idea de que el tiempo es clave en términos de atención…

Capítulo 2

Pasaron los días, la rutina continua. Fue a la cita con el siguiente medico (un ginecólogo regular), y nuevamente le hacen el examen. Mismos resultados. Mismo diagnóstico. Un cáncer de endometrio, en un aparente estadio II. Ya el proceso quirúrgico esta más complicado, sin embargo, en este punto aún hay esperanzas, según indica este galeno, pero que requiere atención de un médico especialista en ginecología oncológica. Le refiere con una doctora que solo atiende en la caja de seguro social, y que es muy buena. La cita más cercana era para finales de noviembre.

Preocupado ante el hecho que faltan muchas semanas para dicha cita, y que esta sería la tercera doctora, empiezo a cuestionarme si no hay algo que pueda hacer.

– ¿Por qué mejor acude al hospital de cáncer, dado que ya tiene una referencia? –Pregunto.

–Porque quiero escuchar una segunda opinión. –responde.

–Solo para aclarar, esta sería la tercera opinión. Tanto los dos médicos anteriores han coincidido en que requiere atención oncológica.

–No quiero recibir quimioterapia.

–Bueno.

– ¿Has visto cómo es? No quiero pasar por eso.

–Y lo entiendo, pero también debe comprender que, de requerir atención médica, es indispensable cumplir con el tratamiento que le manden.

–Claro, porque no eres tú el que va a pasar por eso.

–Solo digo...

–Déjame en paz. - responde mientras se levanta y me deja con la palabra en la boca.

Pasan las semanas y llega el día de la cita. Se levanta temprano como todos los días. En esta ocasión, por temor a cualquier cosa que pueda pasar, mi sobrino va a acompañarla. Yo no fui capaz siquiera de ofrecerme a acompañarle, la diatriba que conllevaba dicho proceso, simplemente me parecía insulsa en el momento: perderme un día de trabajo, solamente para terminar en una discusión. ¿Me arrepiento hoy día? Tal vez. ¿Si pudiera devolver el tiempo atrás, actuaria de la misma manera? Quisiera pensar que sí.

Durante la cita, la doctora le pregunta cómo se siente, si el sangrado es continuo y como ha estado de los dolores. El sangrado persiste, aunque no es continuo. De momento no presentaba dolores. Procede a ordenar nuevos exámenes, incluyendo una tomografía pélvica, a fin de entender que tan avanzado estaba el tumor, y así poder delimitar un plan quirúrgico.

Aunque un tanto reacia, acepta las instrucciones de la doctora. Al momento de realizar la solicitud de cita para la tomografía pélvica, indican que la cita más cercana es para el 5 de agosto del 2023, o sea para dentro de nueve meses.

Mas tarde en la noche, al llegar a casa. Pregunto qué tal fue la cita con la doctora.

—Me preocupa esa cita para realizarse la tomografía. —le digo.

—Si. Estuve averiguando en un hospital privado y cuesta $1,000.00. Entregan los resultados en 48 horas.

—Creo que lo más sensato seria hacer el examen en el hospital privado.

—Pero eso está muy caro.

—No importa, al final es indispensable. Y si aceptan exámenes de afuera, no veo por qué no hacerlo.

—Bueno, pero espero eso no sea mi regalo del día de la madre. —responde en tono jocoso.

—Claro que no, el regalo del día de la madre sigue siendo el mismo de todos los anos, desde hace casi 10 años.

El regalo del día de la madre siempre fue dinero en efectivo, ya que ningún regalo comprado, ni siquiera con asesoría, lograba cumplir con los estándares.

Pasan los días, y empiezan los preparativos para la celebración de la navidad. Particularmente, había perdido interés en esta celebración con el pasar del tiempo, debido a situaciones que se alejan por completo de esta historia. Por otro lado, navidad siempre fue la época favorita del año de mi madre. Con gran nostalgia recuerdo las largas noches cuando era pequeño, sacar todos los adornos de navidad, colocar el árbol, quedarnos despiertos hasta la madrugada. Parte del ritual era preparar chocolate caliente mientras terminábamos la decoración, y justo antes del amanecer, hacer la encendida de todas las luces. Al crecer, y con las ocupaciones del trabajo, se perdió la tradición, bueno, al menos de mi parte, ya que ella siempre mantuvo esa tradición, incluyendo la colocación del pesebre. Mi trabajo era atender la parte eléctrica, o si era necesario abrir algún agujero en la pared para colocar algún adorno. Si bien, los adornos eran los mismos del año anterior, siempre arreglaba las cosas de manera diferente, y adquiría artículos nuevos para la colección. Resultaba tedioso este proceso, dada mi reciente antipatía adquirida hacia las efemérides en general, pero aun así lo hacía. Porque siempre venia el discurso de siete horas, el cual es posible resumir con el hecho que de "no sabemos si esta será nuestra última navidad".

En mi defensa, los preparativos para navidad se hacían tediosos, dado el alto nivel de compromiso y perfección exigido por mi madre. Quizás de niño no era consciente de ello, y lo irónico es que ahora lo recuerdo con nostalgia.

Llega el 24 de diciembre, el balcón llama la atención sobre todos los demás, por las luces y los arreglos colocados. Ese día, al igual que los otros, yo decido que me toca ir a trabajar. Estando en el trabajo, hago una reflexión de cómo han sido estas últimas semanas, y al igual que las navidades anteriores, guardo la esperanza de que el otro año será mejor. Ese día cerramos operaciones en el trabajo a las cinco de la tarde, sin embargo, me quede un rato más contemplando la vista del sexto piso donde estaba, pensando en lo lejos. Ignorante de todas las cosas que estaban por venir, puesto que al final siempre daba por sentado que todo estaría bien. Siempre lo estaba. Afligirse por cosas que no tienen razón de ser, era parte del proceso de mejora continua, según yo.

Al llegar a casa, ya la cena de navidad esta lista. Las cortinas puestas y recién planchadas. Todas las luces encendidas. Todo perfecto, tal cual asumí que estaría. Al tocar la puerta de su recamara, la veo acostada. Eso es raro, tomando en cuenta que es la hora de la novela turca.

— ¿Qué le pasó? —pregunto.

—No me siento muy bien, me duele mucho— responde.

—Pero, ¿Ya comió?

—No, no tengo hambre. Apenas pude terminar todo, y me acosté. Me empezó a doler y el sangrado no para.

—Bueno, vamos a urgencias.

—No, ya me tomé una pastilla. Creo que solo es de acostarme a dormir.

— ¿Está segura? No importa, mejor vamos al hospital. No sea que empeore.

No responde, y me pide que la deje sola.

—Anda a comer. Recuerda por favor guardar la ensalada. Si la comida sobre la estufa ya está a temperatura ambiente, puedes guardarlo en la nevera. No quiero que nada se dañe.

—Está bien.

Cierro la puerta y me voy a mi recamara. Luego tomar una ducha, me dispongo a cenar mientras veo la televisión. Una película navideña. Lo que más disfrutaba de la temporada, aparte de la comida, era las películas con temática navideña, puesto que me transportaba a una época en la que no había problemas, o al menos era ignorante de ellos. Una época que recuerdo con mucho cariño y nostalgia.

Luego de un rato, me acuesto a dormir. En el pasado, la tradición era quedarse despierto hasta la media noche, para las felicitaciones y luego cenar todos en familia. Usualmente los regalos de navidad se abrían en la mañana de navidad, creo que solo en una o dos ocasiones se abrieron los regalos a media noche.

A la mañana siguiente, me llama poderosamente la atención que aún sigue dormida. Me preparo el desayuno, y mientras estoy leyendo en el celular, se despierta.

—Mañana vamos a quitar los adornos.

— ¿Tan pronto? - pregunto - ¿ni siquiera vamos a esperar a año nuevo?

—Pasé muy mala noche, con mucho dolor. Prefiero quitar todo y asegurarme que todo esté debidamente empacado.

Me parece extraño, tomando en cuenta que usualmente espera hasta el 3 o 4 de enero para quitar todo, y el pesebre se queda hasta el día de reyes. En esta ocasión, decidió quitar hasta el pesebre antes de tiempo. Las horas pasan, y el dolor es cada vez peor, al punto que ya los anti inflamatorios de venta libre no le surten efecto.

—Debemos ir al hospital, dado que sigue con mucho dolor.

—Ya saqué cita con la doctora, es para el martes 3 de enero de 2023.

— ¿Y mientras tanto que hará?

—Voy a esperar.

— ¿Está segura?

—Si.

—Insisto en que deberíamos ir al hospital.

No articula palabra alguna.

Se me hace tarde para ir a trabajar, y salgo. Aun cuando quisiera quedarme, la impotencia de no poder hacer nada, me consume por dentro. No entiendo nada de lo que pudiera estar pasando. Lo único que entiendo, es que debería hacer algo, sin embargo, no tengo idea de cómo afrontarlo, pues siento que trato de luchar una batalla contra un enemigo desconocido.

Capítulo 3

En la tarde del 29 de diciembre, pregunto por la lista de las cosas para la cena de año nuevo.

—No sé, no me siento muy bien. No creo que vaya a cocinar. —responde.

Era la primera vez en treinta y un años que escuchaba eso. Ni siquiera en los momentos más difíciles que tuvimos, había dicho que no cocinaría. Para mi madre, cocinar era parte del ritual de la efeméride, no había festividad sin cena. Era algo intrínseco en ella, y el hecho que no quisiera cocinar, significaba que algo no andaba bien.

—Eso lo entiendo, lo que preguntaba es que comprar de comida. Hay muchas opciones. Vi que en algunos restaurantes están vendiendo bandejas de comida. Puedo pedir todo. —le indico, mientras le mando el menú al celular para que lo vea y decida.

—No sé, pide lo que quieras. —responde.

—Siempre dice eso, después la comida esta mala y se está quejando.

—Déjame en paz, pide lo que quieras.

—Está bien. Haré el pedido.

En la mente de mi madre, nadie hacia las cosas mejor que ella. Comprar comida siempre suponía un reto, dado que era muy exigente en cuanto a la comida. De hecho, no tengo recuerdos de que haya probado más de tres o cuatro cucharadas de la comida casera de alguien, salvo una vez que le lleve una comida que preparó una compañera de trabajo. Probó un total de ocho cucharadas del arroz, y dijo: "esto pareciera estar bueno".

Recuerdo que, para ano nuevo, siempre preparaba una gran cena, a pesar de que solo éramos dos personas. El año anterior, había preparado un arroz con guando con coco, ensalada de papa con pollo y manzanas verdes, plátano en tentación y pescado. Adicional a eso, había horneado dulce de frutas. Al arroz con guando con coco, le echaba guandú natural (no el procesado), y leche de coco rallado. Este último le daba un toco afroantillano a la comida.

La parte que más me desagradaba de las efemérides de nuevo año, era que siempre me tocaba pelar el saril. El saril es una bebida muy popular en Panama, que se prepara a partir de la Hibiscus sabdariffa o flor de Jamaica y jengibre. Estos árboles no crecen en cualquier parte ni florecen en cualquier época del año. El jengibre le da un sabor muy picante a la bebida, en lo personal, entre más jengibre mejor. Aunque hay personas que les desagrada ese sabor.

Llega el 31 de diciembre, y al salir del trabajo, paso a recoger la comida que había ordenado. Llamo para avisar que voy en camino, sin embargo, no responde. Luego de insistir, me escribe un mensaje indicando que estaba acostada. Todo se siente tan diferente. Usualmente los 31 de diciembre, era la algarabía por la llegada del nuevo año, mi mamá preparando los rituales para asegurar prosperidad y buena fortuna (comer las doce uvas, la cucharada de lentejas, tomar la maleta, etc..), pero este año no hubo nada de eso. Es como si literalmente no tuviese ganas o ánimos de nada. Y pensar que incluso, semanas atrás, había comprado ropa nueva para recibir el nuevo año, y cortinas nuevas para la sala. Nada de esas cosas parecían importante en este momento.

—Ya acomodé toda la comida en la mesa. ¿Quiere que le sirva? - Pregunto.

No responde. Solo permanece acostada en su cama.

—Bueno, me avisa cualquier cosa. Voy a comer —le digo mientras toma su celular y mira unas publicaciones de cocina en Instagram.

Me voy a mi habitación a comer, mientras veo la televisión. Pensé en comer en la mesa, sin embargo, no le vi el sentido a hacerlo estando solo. Irónicamente, ahora aun comiendo solo, me siento a la mesa a comer. Mi mamá siempre decía que sentarse a la mesa a comer traía bendición y prosperidad, además de que comer en las recamaras podría traer alimañas como cucarachas y demás. Por muchos años, me acostumbré a comer solo en casa, pues al llegar de la escuela, mi mamá estaba trabajando, llegaba muy tarde cuando yo ya estaba dormido, sin embargo, los fines de semana, cuando estaba libre o hubiese visitas, era mandatorio sentarse a la mesa a comer. Fue por ello, que el dejar de trabajar, teníamos constantes discusiones por este tema, porque ahora era mandatorio comer en la mesa todos los días, pero yo ya me había acostumbrado a comer solo y en la habitación. Muy en el fondo, simplemente no quería volver a acostumbrarme a comer acompañado, y después volver a tener que comer solo.

Al terminar, me asomo por su habitación para ver si desea algo, no obstante, veo que esta dormida. No comió nada. Me dirijo a la cocina, a fregar mi plato. Tomando en cuenta la hora, decido guardar todo en la nevera, y dejar todo limpio. Desde pequeño, mi mamá nos acostumbró a dejar siempre la cocina limpia. En cierta ocasión dejé los trastes sucios, y me levantó en medio de la madrugada para que los lavara. Decía que le daba pesadillas si se dejaban platos y pailas sucias en el fregadero.

Capítulo 4

– ¿Está todo listo para la cita de mañana?

–Si, Alex me va a acompañar.

–Bien.

–Si, ya que tú nunca puedes hacer nada. No puedo creer que no puedas pedir un permiso en el trabajo para acompañarme.

–Debo ir a trabajar. No puedo pedir permiso así intempestivamente.

–Sabias que la cita era para mañana, y no mostraste el más mínimo interés. Ya que. –responde con todo irónico.

–No puedo perder un día de trabajo.

–Ya basta. La doctora la vez pasada dijo que debía ir acompañada.

—Está bien, iré con ustedes. Puedo atender las reuniones que tenga con el celular y llevar la computadora. Avisare en el trabajo.

No dice nada.

— ¿Está de acuerdo? —increpo.

—Está bien. —responde.

—Voy a poner la alarma. Si la cita es a las siete de la mañana, debemos llegar a tiempo.

—Si, allá se atiende por orden de llegada.

—No entiendo como esa doctora no atiende en clínica privada.

La conversación termina, y se acuesta a dormir. Deja la ventana entre abierta. Afuera, el sereno de la noche en su apogeo, son casi las diez de la noche. Aún hay un remanente de brisa decembrina. Es 2 de enero de 2023.

En mi habitación, estoy acostado leyendo un libro. Debería estar durmiendo, pues toca madrugar al día siguiente, mas no tengo sueno. La sola idea de tener que perder un día valioso de trabajo me resulta ridículo, pero la idea de tener que escuchar toda una letanía de reclamos por el siguiente mes, era mucho peor para mí. Y el mes estaba comenzando, así que resolví que lo mejor era asumir el compromiso. A fin de cuenta, en ese momento no importaba lo que hiciera o no hiciera, o que tanto me esforzase, nunca sería suficiente.

Finalmente logro conciliar el sueño, poco antes de la media noche. Duermo con las ventanas completamente abiertas, y el ventilador apagado. Algún beneficio ha de tener, el vivir en un octavo piso.

A la mañana siguiente, nos preparamos para ir a la cita. Alex pasó la noche anterior en casa, para poder acompañarnos a la cita.

Justo antes de salir, noto que mi mamá casi no puede caminar.

—¿Qué le pasó que está cojeando?

—Me duele mucho—responde.

—Abuela, yo la tomo del brazo—dice Alex.

—Gracias, papa —responde.

Salimos de casa como a eso de las 5:45 am. Con mucha suerte, podríamos estar llegando antes de las 6:30 am al lugar de la cita. No es muy lejos, pero a esa hora de la mañana y tomando en cuenta que es lunes, el tráfico puede ser algo pesado en ciudad de Panama. Irónicamente, el tráfico estuvo despejado toda la distancia, salvo al momento de entrar al complejo hospitalario. Tardamos casi veinte minutos en subir la rampa, dado que el edificio de consultas se encuentra en una parte alta. Eran casi las 6:30 am.

—Ya llegamos, voy a bajarme para ir formando la fila del ascensor —le digo.

Al llegar, la fila para utilizar los ascensores era larga. A pesar de haber tres ascensores operativos, la demanda era alta, por lo cual el complejo hospitalario optó por implementar un sistema de fila. Una vez que llegamos a la sala de espera del consultorio, reportamos asistencia. Nos sentamos en la sala de espera. Hay al menos seis o siete pacientes.

—Ojalá la doctora nos atienda rápido —dice Alex.

—¿Dónde está la botella de agua? —pregunta

—Acá esta— respondo mientras le entrego la botella de agua.

Al cabo de una hora, finalmente es nuestro turno. Pasamos al consultorio de la doctora. Dentro, el escritorio con migajas de pan, y una mancha de café. Conversaba con la enfermera, mientras se disponía a conectar el disco duro en la computadora, para acceder a unos archivos, según decía.

—Maria, ¿Qué le ha pasado? La veo cojeando y con dolor —pregunta la doctora, mientras se limpia la boca y tapa el café, ya prácticamente frio.

— ¡Ay doctora! Me siento muy mal. De unos días para acá, me ha pegado el dolor muy fuerte. Y el sangrado no se detiene.

—Pregunta, ¿fue a urgencia?

—No, estaba esperando la cita.

—No puede ser negligente con su salud. Debió haber ido a urgencias si el dolor era muy intenso y no lo podía manejar en casa.

No dice nada.

—Fue lo que yo dije, pero no quiso ir. —comento.

—Bueno, va a tener que ir ahora mismo a urgencias. Porque si el dolor es muy intenso y el sangrado se mantiene, la vamos a tener que hospitalizar hoy mismo. —dice la doctora.

—Es lo mejor, así podrán darle la atención que necesita —respondo.

—Está bien, iremos a urgencias.

—Lo otro es que, si tiene dificultad para caminar, lo recomendable es que use una silla de ruedas. La espera en el cuarto de urgencias puede ser larga.

—Alex, ve con el guardia de seguridad y trata de conseguir una silla de ruedas para tu abuela —le digo.

—Está bien, ya voy.

—Nos encontramos en urgencias. Yo iré con abuela para ir avanzando en el proceso.

Al salir del consultorio, dimos algunas vueltas antes de encontrar el cuarto de urgencias. El edificio de la consulta especializada está conectado con el resto de los edificios del complejo. En medio de nuestra búsqueda, pasamos por un pasillo largo, el cual llevaba hacia las salas de medicina.

—Este fue el pasillo donde vi a abuelita Ruby por última vez. Recuerdo que me tomaba de la mano, y me decía que no la dejara irse. —me dice mientras recuerda nostálgica.

Mi bisabuela había muerto en 1995, pero para mí mamá, su muerte aún seguía doliendo igual. Mi mamá nunca pudo superar esa pérdida, siempre estuvo muy apegada a su abuelita desde pequeña. Siempre comentaba que, si su abuelita viviera, las cosas serían muy diferentes.

Una vez llegamos al cuarto de urgencias, procedo con el registro. Entrego los documentos y la asistente administrativa empieza a ingresar los datos. Me dice que pronto nos llamaran en uno de los consultorios, y que estemos pendientes. Mientras tanto, mi mamá está sentada conversando con mi sobrino.

—Fue un problema conseguir la silla de ruedas —dice Alex. No había por ningún lado.

—Me imagino. Vimos que te demoraste bastante —le dice mi mamá.

—Iré afuera a comprar algo para comer. ¿Quieren algo? —pregunto.

—Yo solo quiero una *ginger ale* —me dice mi mamá.

—Yo no tengo hambre. —responde Alex.

No había ninguna máquina expendedora de bebidas y/o alimentos cerca, tuve que caminar hasta la parte de afuera, donde había algunos quioscos de comida. En estos quioscos, venden comidas completas como arroz, frijoles, pollo y otras proteínas. También había burundangas, así como bebidas y bocadillos. Compré la *ginger ale*, un jugo y un *mafa*. El *mafa* es un alimento chino hecho a base de masa china, que se fríe en aceite, generalmente aceite de maní. Tiene un aspecto brillante y dorado. Es muy popular en Panama.

—Espero me llamen pronto. —dice mi mamá.

—Llegamos a eso de las diez y media de la mañana y es casi mediodía. Lo mejor será que llame al trabajo para avisar. —comento.

—Yo estoy aquí desde las tres y media de la mañana —dice una señora, al oírnos conversar.

— ¡Que esperanza! —responde Alex en tono irónico.

Luego de casi dos horas de espera, finalmente nos llaman. Entramos al consultorio.

—Dígame —dice el doctor.

—Buenas tardes —responde mi mamá.

—Buenas tardes. Dígame, ¿en qué le puedo ayudar? —responde el doctor en un tono bastante antipático.

—Estaba en consulta con mi doctora, y ella me indicó venir a urgencias. Ya que me duele mucho en la parte inferior del abdomen.

— ¿Y por qué la doctora no la atendió allá arriba? —increpa el galeno, en un tono un tanto tosco.

—Yo no sé, ¿usted vio mi historial? —responde.

—Déjeme hablar —le digo a mi mamá.

—No, este señor es un atrevido y un insolente. —dice mientras empieza a gritar e insultar al médico.

—Señora, pero yo no le he faltado el respeto en ningún momento.

—Si lo ha hecho, mi mamá tiene mucho dolor desde el día de navidad. A ella ya le habían diagnosticado un CA, y solo estamos siguiendo las directrices de su cirujana.

El medico guarda silencio por algunos minutos, mientras mira el caso.

— ¡Doctor! —grita mi mamá.

—Por favor tome un número del siguiente cubículo que dice "inyectables". Alla le van a dar algo para el dolor. —me dice el doctor.

Salimos del consultorio y tomo el número del área de inyectables. Nos sentamos en la sala de espera. Al cabo de unos minutos, sale el mismo doctor del consultorio y me llama aparte.

—Dígame.

—Deme el número que tiene. —me dice.

Le doy el número y me da otro.

—Ya van a llamar a la señora.

El doctor me da el número doce. Yo tenía el número ochenta y nueve. A los dos minutos, nos llaman para aplicarle algunos medicamentos para el dolor. Después de eso, mi mamá se tranquiliza. Pasan las horas y nos quedamos conversando.

— ¿Cómo se siente? —le pregunto.

—Ya se me paso el dolor. —responde.

Alex mientras tanto está en su celular. Seguimos conversando de todo lo que pasa alrededor, de lo ineficiente que es la atención en el cuarto de urgencias.

Son casi las tres de la tarde. Y nos llaman nuevamente al consultorio.

—Hola, buenas tardes —nos saluda en esta ocasión otra doctora.

—Hola, buenas tardes —responde mi mamá.

— ¿Cómo se siente después de los medicamentos? —pregunta.

—Mucho mejor, gracias a Dios.

—Bien, recuéstese que la vamos a examinar.

Yo me dispongo a ayudarla a levantarse de la silla de ruedas, para acostarla en la cama. La estudiante de medicina que acompaña a la residente, nota una hernia que tiene mi mamá en la parte alta del estómago.

— ¿Esa hernia desde cuando la tiene? — pregunta.

—Desde hace algún tiempo —respondo. Pero venimos por lo del dolor en la parte baja del abdomen y el sangrado.

—Entiendo, o sea que no vienen por la hernia —parafrasea la doctora.

—Si.

— ¿Usted ha recibido algún ciclo de quimioterapia, radioterapia o algo? —pregunta.

—No. —responde mi mamá.

La doctora hace otras preguntas y va anotando en la cuadricula.

—Bien, aprovechando que está aquí, voy a tratar de acomodarle la hernia. Puede que le duela un poco, pero después se sentirá mejor. —dice.

—Está bien —responde mi mamá.

En ese momento, la doctora empieza a realizar una serie de movimientos, tratando de reacomodar la hernia, y mi mamá empieza a gritar del dolor. La doctora le indica que se calme, y que es normal, que solo debe aguantar un poco más. Mi mamá entonces empieza a llorar, y la doctora se detiene. Viene una auxiliar con una ampolla de morfina, para mitigar el dolor.

—Vamos a tener que hacerle unos exámenes de sangre, y también una nueva tomografía, para ver cómo está el tumor. Su doctora emitió orden de hospitalización para observación y delimitar un plan quirúrgico, según veo acá. Ahora bien, me preocupa que más adelante, la hernia le pueda causar algún tipo de complicaciones.

Mi mamá no articula palabra alguna.

—Entiendo, pero ¿la hernia qué relación tiene con el cáncer de endometrio?

—Es lo que tendríamos que averiguar.

Salimos del consultorio y vamos al área de laboratorio, para las muestras de sangre. Luego de eso, formamos la fila para la tomografía. Al terminar con los exámenes, regresamos a la sala de espera, son casi las seis de la tarde.

—Ahora si tengo hambre —dice mi mamá.

— ¿Qué le gustaría comer? —pregunto.

—No se.

—Puedo comprar comida allá afuera.

—Quiero como pollo del *Popeyes®*

—No me atrevo a pedirlo por la aplicación del celular, mejor voy a buscarlo. —respondo.

—Trae un combo para Alex, uno para ti, y a mí me traes unos *tenders* de cinco piezas con pure y soda.

—Está bien. Voy y vengo.

El restaurante estaba como a quince o veinte minutos de distancia del complejo hospitalario, solo que hubo algo que no tomé en cuenta, el tráfico de la hora pico en la ciudad. Me tomó poco más de cuarenta minutos llegar al restaurante. Al regresar, la vía estaba mucho más despejada.

Después de comer, continuamos en la sala de espera. Una auxiliar llama por el nombre de mi mamá.

—Acá —respondo, mientras me levanto.

La auxiliar se acerca hacia dónde está mi mamá.

—Ya la vamos a hospitalizar, solo debe esperar un poco más. Por favor tenga todos sus papeles a mano, que se los van a pedir en admisión. Solo estamos esperando respuesta de la sala si tienen cama disponible.

—Entiendo, muchas gracias —responde.

Son casi las diez de la noche, y seguimos esperando. El agua embotellada que teníamos ya se había terminado. Los quioscos de afuera ya estaban todos cerrados. El cuarto de urgencias estaba abarrotado en gente. Era un continuo ir y venir de ambulancias. El bullicio es insoportable.

—Voy a ir a la estación de gasolina que está a unos pasos de aquí. Alla puedo comprar agua y algo de comer. Esto va para largo.

—Ve con cuidado.

—Alex, quédate con abuela. Cualquier cosa me llamas o escribes, por favor.

—Está bien —responde Alex.

Camino hacia la estación de gasolina para comprar las cosas. Afuera, una brisa fría producto del sereno. Para llegar tuve que pasar por debajo de un puente vehicular, donde había algunos indigentes durmiendo, un paraje oscuro y bastante desolado al seguir caminando. Finalmente llego a la estación de gasolina, compro las cosas y cuando me dispongo a pagar, el cajero indica que no están aceptando pagos con tarjeta. Afortunadamente había un cajero automático, y pude retirar efectivo para poder pagar y regresar al cuarto de urgencia.

Pasan las horas, y continua la espera. Son la casi las dos de la mañana. Viene la auxiliar y me indica que vaya al área de admisiones, que está en el edificio de a lado, para poder llevar los documentos. Por un momento no los encontraba, y ya mi madre estaba al borde de un colapso nervioso. Luego de una búsqueda minuciosa entra todas las cosas, finalmente los encontré y pude llevar a cabo la diligencia sin mayor vacilación. El estrés y la ansiedad jugaron una mala pasada, llevábamos casi 18 horas esperando en el cuarto de urgencias.

Luego de entregados los documentos, nos indican que debemos esperar otro rato más. Y vendrá alguien para llevar a mi mamá a la sala. Por esta vez, nos permitirán acompañarla hasta la sala, para saber el numero de la cama asignada, así como los horarios de visita.

Finalmente, a las tres y cuarenta y ocho de la mañana, y luego de diecinueve horas de espera, mi mamá es hospitalizada. Acomodamos las cosas. Yo me llevo las joyas y demás cosas de valor. Solo se queda con el celular, para poder estar comunicada.

En una escena cargada de emociones encontradas, nos despedimos. Alex y yo partimos a casa a descansar. Ahora mi mamá está en buenas manos, o al menos eso pensaba yo en el momento.

Capítulo 5

Han pasado algunos días desde la hospitalización. La comida no es muy buena en el hospital. Pese a esto, mi mamá trata de sobrellevar la situación lo mejor que puede. El horario de visita es de 1:00 pm a 2:00 pm. De modo que voy todos los días en mi hora de almuerzo. La distancia de la oficinal al complejo hospitalario es bastante corta, aproximadamente unos quince o veinte minutos, sin tráfico vehicular.

Todos los días, me pide comida de algún restaurante. A pesar de la enfermedad, está comiendo. Sigue fiel a sus te de manzanilla y boldo. Ante el reto que supone preparar te en el hospital, me pide que le lleve una tetera eléctrica, la cual solo se llena de agua, para luego ser conectada a la corriente y empieza a calentar el agua. Aparte de esto, dado que no dispone de hielo en la sala, me pide llevarle una hielera pequeña, la cual lleno con hielo cada que voy a la visita.

Las normas establecen que solo puede ser un familiar por paciente en la sala, de modo que los días que va mi sobrino o alguien más, nos turnamos para entrar cada quince minutos a verla. En caso de que haya alguna otra paciente cercana sin visitas, aprovechamos para confundir al guardia de seguridad, para que así no note que todas esas personas vienen a ver a una sola paciente. Entiendo y respeto las normas por temas del Covid19 y otras enfermedades, pero si tanto las pacientes como los familiares cumplen con los protocolos correspondientes, no veo motivo para la persecución.

Mi mamá hizo algunas amigas, me cuenta que conversan por largas horas en la tarde de varios temas, hasta han intercambiado números de celular, a fin de poder mantener el contacto una vez salgan del hospital.

Constantes son los exámenes que le realizan, para poder entender que tanto está avanzando el cáncer, y poder delimitar un plan quirúrgico.

— ¿Qué le ha dicho la doctora? — le pregunto.

—Que está estudiando el caso para ver cuando me va a operar. —responde.

—Ojalá sea pronto.

—Si, la verdad la comida de este sitio es horrible. Le he dicho a la nutricionista que no quiero mondongo y lo siguen trayendo a la hora del almuerzo. Y el desayuno ni se diga, un café más frio que la nariz de un perro. Y cuando pedí un té, era como de canela, y estaba igual de frio.

—Y es inaudito, puesto que la atención medica no es gratis. No es caridad lo que hacen en este sitio.

—Por eso traje mis cosas. —responde.

Cada que iba a la visita, me pedía llevar algo nuevo de casa. Al principio fue una maleta pequeña con algunos pijamas. Luego fueron las almohadas, luego colchas y sabanas, luego más pantuflas pero que combinaran con los camisones, luego algunos libros para leer, luego una extensión de cable hacia el tomacorriente, ya que había que conectar la tetera eléctrica y el cargador del celular, entre otras cosas. Al final, lo importante es que pueda estar cómoda, ante una situación tan compleja.

– ¿Cuándo son los días que se puede hablar con la doctora? –pregunto.

–Es únicamente durante las rondas que hacen en la mañana.

– ¿A qué hora es eso?

–A veces son tipo siete y media u ocho de la mañana.

–Tendré que venir para tener actualizaciones.

–Si, el otro día me preguntó por mis familiares.

–He tratado de localizar a esa doctora, pero casi nunca está aquí presente, las pocas veces que logro dar con ella, resulta que está en consulta.

–Es una mujer ocupada.

–Si, sobre todo.

Mientras tanto, como el plan quirúrgico sigue en firme, le indican que necesita dos pintas de sangre. Todas las personas que conocemos, o han donado recientemente, o bien tienen la hemoglobina baja y no pueden donar. Ante esta situación, y el estrés de mi mamá dado que la presionan todos los días para que consiga las dos pintas de sangre, le digo que yo mismo le donare la sangre. Es la primera vez que dono sangre. Luego de la visita, voy al banco de sangre del complejo hospitalario, indico que vengo a donar sangre para un paciente. Había leído que es recomendable haber comido fuerte antes de donar, yo hoy ni siquiera he desayunado y son las dos de la tarde. Me entregan una volante donde debo colocar unos datos. Le escribo a mi jefa para indicarle que voy a demorar en regresar a la oficina, ya que voy a donar una de las dos pintas de sangre que necesita mi mamá para la cirugía.

Entrego la volante en la ventanilla, me indican que en un momento me van a llamar para sacarme una muestra de sangre. El lugar se encuentra vacío. Espero pacientemente, empieza a llover a cantaron, a pesar que estamos en el mes de enero, estación seca en Panama. En este momento, pienso en que al menos no me agarró el aguacero camino a la oficina después de la visita. Minutos después, me llaman para la extracción de la muestra.

—¿Es primera vez que dona?

—Si.

—A ver los dos brazos.

Extiendo los dos brazos, mientras la enfermera evalúa cuál de los dos tomar la muestra.

—Tiene buena vena, le sacare del derecho, cualquier cosa la donación será del izquierdo.

—Está bien.

—En un momento le llamara el doctor para la entrevista.

Salgo del cubículo de extracción de sangre, y regreso a la sala de espera. Trascurridos algunos minutos, me llaman al cubículo de consulta con el médico. En Panama, para poder donar sangre, un médico te hace una evaluación física, y una serie de preguntas, y basado en las respuestas, se determina si puedes donar o no. Me hacen preguntas como cuando fue la última relación sexual, si tengo pareja, si he recibido transfusiones de sangre en los últimos seis meses, si me he realizado una cirugía en los últimos seis meses, si estoy resfriado, si tengo algún padecimiento crónico, si he tenido relaciones sexuales con otro hombre, entre otras preguntas…

—Tiene la hemoglobina en 14.8 g/dL. ¿Es primera vez que dona?

—Así es.

Después de tomarme la presión, hacerme la evaluación física y responder las preguntas del cuestionario, el galeno me indica que puedo donar. Siento un alivio, ya que ahora solo nos hace falta una pinta de sangre. Al cabo de unos minutos en la sala de espera, me llaman para donar.

— ¿Es primera vez que dona? —me pregunta ahora el auxiliar.

—Si.

—Bueno, si se siente mal o algo, me avisa por favor. —responde mientras termina de colocar la aguja en mi brazo.

La bolsa está a un costado, me dan una pelota de hule, que debo ir presionando constantemente, mientras empieza la extracción. Me dice que esto puede durar de treinta a cuarenta y cinco minutos. El auxiliar se va a un costado a conversar con otras personas, mientras la extracción sigue su curso, soy el único en la sala. Pasados diez minutos, se aproxima el auxiliar para preguntarme como me siento, le respondo que bien, y se retira. Una vez llena la bolsa, empieza a pitar el aparato de la extracción, el auxiliar se aproxima y lo apaga. La extracción de sangre ha terminado.

—Lo hizo muy bien. Ahora esperemos unos diez o quince minutos por si se siente mal.

—Entiendo, está bien.

Espero pacientemente. De momento me siento bien, a pesar de ni siquiera haber desayunado. Ahora solo pienso en si ya habrá escampado, y en los pendientes que he dejado en el trabajo.

—Bueno, ya eso sería todo. Se puede retirar. Muchas gracias.

—Gracias a usted.

Al salir, me entregan el recibo de constancia de la donación. Le envío una foto a mi mamá al celular, y voy de regreso al trabajo. Ya ha salido el sol. Me compro un emparedado al llegar a la oficina. De momento, me siento bien.

Al caer la noche, llego a casa y ceno. Me acuesto y empiezo a sentirme un poco mal, mareado y con mucho cansancio. Me quedo dormido, sin darme cuenta que mi mamá me había enviado un mensaje de texto, preguntándome como me sentía. No veo este mensaje sino hasta el día siguiente. La otra pinta de sangre la pudimos conseguir gracias a una persona allegada a mi hermana, quien hizo la donación.

Siguen pasando los días, y la doctora no da trazas de tener una hoja de ruta clara sobre cómo va a proceder con el caso de mi mamá. Mientras, ella se aferra a la esperanza de una cirugía exitosa, para poder remover el tumor. Solo que, al pasar los días, empieza a ser evidente el deterioro físico. Al ingresar al hospital, tenía 12.7 g/ dL de hemoglobina, pero en el más reciente hemograma que le han realizado, notan que está en 7.8 g/L, y ha perdido mucho peso, en el escaso lapso de ocho días.

Cuando estoy en el trabajo, trato de concentrarme lo más que puedo, y cumplir con mis tareas, pero resulta un reto, sabiendo que mi mamá esta hospitalizada. Mas aun, porque constantemente escribe porque necesita que lleve algo durante la visita, o para contarme como son los días en la sala. A pesar de estar en una cama cerca de la ventana y tener algo de vista, dice que se aburre mucho. No hay televisión, su único entretenimiento es la lectura, escuchar música en el celular o conversar con las otras pacientes. Al principio estuvo caminando, daba vueltas por ahí y se bañaba sola, no obstante, con el pasar de los días, incluso estas tareas empezaron a ser más complicadas, y a requerir ayuda de parte de las auxiliares.

Finalmente, y luego de casi diez días hospitalizada, la doctora nos muestra una pequeña luz al final del túnel.

—Hoy la doctora hablo conmigo —me dice mamá durante la visita.

—Que bien, ¿Qué le dijo?

—Que iban a hacerme una laparoscopia exploratoria, para poder ver que tan grande estaba el tumor y poder operarme. Me van a realizar el procedimiento pasado mañana.

—Gracias a Dios, ya vera que todo saldrá bien. Con suerte, la van a operar pronto, y empezara a mejorar.

—Dios te oiga. Ya estoy cansada de esta cama.

—Me imagino.

—Veinticuatro horas antes, dicen que no puedo comer nada. El procedimiento dura cuarenta minutos y lo harán en el salón de operaciones —me dice mientras me cuenta algunos detalles adicionales.

Me siento aliviado de escuchar la noticia, pues estos días han parecido eternos. Entre el trabajo, los viajes diarios al hospital para las visitas, la falta de sueño y la ansiedad de no saber que pasara, estaban poniéndome al borde de un colapso.

Llega finalmente el día del procedimiento, mi mamá me escribe un mensaje para decirme que ya se la están llevando para el salón de operaciones. Son poco más de las ocho de la mañana. Yo estoy en la oficina y respondo que estaré pendiente al celular. Poniendo todas las fuerzas en oraciones, para que todo salga bien, y podamos volver a la normalidad.

Pasan las horas, y no sé nada de mi mamá. Le escribo, pero los mensajes no los lee. En este punto empiezo a preocuparme. Llamo y nadie responde al celular. Cuando intento llamar al hospital, nadie me contesta. Intento de varias formas dentro del menú de la central telefónica, mas no logro conseguir a nadie, antes bien me están transfiriendo de un lugar a otro, hasta el punto en que la llamada se desconecta automáticamente.

Luego de tanto esperar, finalmente mi mamá responde el celular, y me llama.

—Hola, ¿Qué paso? Estaba preocupado —le digo.

—Aquí pasó toda una odisea —me dice.

— ¿Y el procedimiento?

—No me lo pudieron hacer

— ¿Pero, por qué?

Mi mamá empieza a contarme que, una vez en el salón de operaciones, la doctora nada que llegaba. Entre tanto, el anestesiólogo empieza a preguntar a las enfermeras que por que no ha llegado la doctora, como si las enfermeras tuvieran algún tipo de injerencia en el horario de la doctora. Después de varios minutos de espera, la doctora finalmente llega, indicando que va a empezar. El anestesiólogo se prepara, sin embargo, al revisar los últimos exámenes de mi mamá, nota que en el último hemograma realizado (el día anterior), la hemoglobina arroja resultado de 7,4 g/dL, así como el evidente deterioro físico de mi mamá. Ante este escenario, el galeno indica que no puede anestesiar a mi mamá, y que en el estado en que se encuentra, es probable que muera antes de los cuarenta minutos que dura el procedimiento. La doctora se molesta, e indica que le están haciendo perder el tiempo, y que procedan con la anestesia. Las enfermeras en medio escuchando todo. Luego de una acalorada discusión donde, según cuenta mi mamá, hubo dimes y diretes de ambos lados, finalmente llegan al consenso de que no es posible realizar el procedimiento. En su lugar, hacen una biopsia del tumor.

—Todo esto me parece insólito.

—Si, el anestesiólogo estaba muy molesto —dice mi mamá.

—Bueno, ahora queda esperar los resultados de la biopsia, después de eso, ¿Qué pasara?

—No lo sé, supongo que será esperar a que me suba la hemoglobina para que me puedan operar.

—Deben cambiarle la dieta. Si no le están dando comida, es lógico que empezara a bajar de peso.

—Si, solo que no me da hambre. Y casi no puedo ni tragar. El emparedado que me trajiste, me lo comí como en tres partes.

Entiendo que la enfermedad está avanzando, y ahora empiezo a preocuparme, porque nuevamente estamos donde empezamos, más soy consciente que flaco favor le hago a mi mamá, exteriorizando preocupación, porque ante el panorama actual, me aterra la idea de que muera.

Unos días después, me llama mi mamá. Me dice que la doctora le dijo que quería hablar con sus familiares. Nos citó para el día siguiente, a las siete y media de la mañana.

— ¿Le dijo de que se trataba? —pregunto.

—No, solo dijo que tenían que venir.

—Bueno, está bien.

—Yami dice que también puede venir. Ella no ha podido venir a la visita por el trabajo, puesto que no hay visita los fines de semana.

—Cierto, solo los días de la semana.

—Bueno, amanecerá y veremos. Procurare estar desde temprano, y así en caso de tráfico, sé que no voy a llegar tarde.

—Es lo mejor, porque si llegas tarde, la doctora se va. —riposta —pues tiene consulta después de las rondas.

—Entendido, allá estaré. ¿Hay que llevar algo más?

—Trae hielo, por favor. Y una coca cola. De lo demás, estoy bien.

— ¿Algo de comer?

—No, de momento no. Yo te aviso.

Capítulo 6

Es de noche. Estoy recostado mirando hacia el techo. Tengo la ventana abierta, está soplando una brisa fría, no tengo el abanico encendido. El cielo luce despejado, mas no se divisa estrella alguna en el firmamento. La última vez que pude haber visto una estrella, fue entre el 2017 y 2019, cuando vivía por el área de Tocumen.

Se que debo dormir, pues al día siguiente debo levantarme temprano para encontrarme con la doctora, y a pesar del cansancio que siento, no logro conciliar el sueño. Voy a la cocina un momento, me tomo un vaso de leche, y vuelvo a recostarme. Trato de pensar en ¿cómo mi mamá se sentirá en este momento?, ¿estará cómoda?, ¿las estarán tratando bien el personal médico del hospital?

La ansiedad de no saber lo que va a pasar, me carcome por dentro, el hecho de sentir que nada de esto tiene sentido, hace que pierda la cabeza por completo. Que sienta la necesidad de explotar, y preguntar ¿Por qué a mí? ¿Por qué a nosotros?

Del mismo modo en que en el momento de una gripe, que uno recuerda como era la vida cuando no tenía gripe, en este momento recuerdo como era la vida cuando mi mamá no estaba enferma. Y, al mismo tiempo, me pregunto si mi mamá sentirá lo mismo, si recuerda como era la vida cuando no estaba enferma, esto hace poco menos de dos meses atrás.

Pasan las horas, y finalmente logro conciliar el sueño, por espacio de tres horas. Son las tres y veinticinco de la mañana, al ver el reloj. Me levanto para asegurarme que llegare temprano para el encuentro con la doctora. El plan es ir al hospital, hablar con la doctora, y luego ir al trabajo. Debería poder ser capaz de llegar a tiempo al trabajo, sin embargo, de todas maneras, tomo las previsiones y aviso, por si ocurre algún suceso que no me permitiese llegar al trabajo a tiempo.

En el camino, le escribo a mi hermana para saber si ya está despierta. Me responde a los minutos, que esta despierta y saldrá para el hospital. A pesar de que vive más lejos, sale un poco más tarde que yo.

Una vez en el hospital, hay varios familiares de pacientes esperando afuera en la sala. No soy el único que busca conversar con la doctora. Las rondas empezaran a las siete de la mañana. A los médicos los acompañan los residentes y algunos estudiantes de la facultad de medicina. El complejo hospitalario de la caja de seguro social, es precisamente un hospital universitario.

Me mantengo de pie toda la distancia, y empiezan a salir los rayos del sol, son poco más de las seis y media de la mañana. Cuando llegué, aún estaba oscuro. Eran las cinco y cuarenta y ocho. La demora fue esperar a que el metro abriera a las cinco de la mañana.

Unos minutos después llega mi hermana. Ambos nos quedamos conversando un rato, esperando a la doctora. Ya ha salido el sol completamente. Una vez empiezan las rondas, estamos a la expectativa de que nos dirá la doctora. Sin que las enfermeras se den cuenta, entramos periódicamente a la sala para ver a mi mamá. Mi hermana entra y saluda a mi mamá, le da un abrazo y le pregunta cómo se siente. Conversan por un lapso de dos o tres minutos, antes de que venga alguna enfermera o auxiliar y la saque. Esta era la primera vez desde hace casi dos meses que se veían. Mi hermana luce visiblemente impactada al ver el estado físico de mi mamá.

Sigue pasando el tiempo, y nada que llega a doctora. Empiezo a preocuparme, y decido ir al puesto a de enfermería a preguntar si la doctora ya terminó las rondas. La enfermera, de rostro afable y mirada algo perdida, dice que es necesario esperar. Son poco más de las ocho y quince de la mañana. Ya las rondas han terminado, pero la doctora nada que sale.

Finalmente, cuando el reloj dice las ocho y treinta y cinco, sale la doctora. Con mascarilla negra puesta, un maletín negro, y ropa del salón de operaciones, lleva el cabello recogido, como siempre.

—Doctora —le digo.

—Si —responde.

—Somos los hijos de la señora Maria Franceschi.

—Necesito conversar con ustedes, espérenme un momento.

Se va hacia un lugar y habla con uno de los residentes, luego revisa algo en su teléfono celular.

—Vamos para acá —dice mientras nos lleva a un lugar aparte.

—Si, claro.

—Bien, necesito que me presten mucha atención lo que les voy a decir. Intentamos realizar una laparoscopia exploratoria, para delimitar un plan quirúrgico. Esto no fue posible debido al deterioro físico de su mamá. En este punto, ya estamos hablando de un estadio IV, el cual tiene una tasa de supervivencia de un treinta por ciento, aproximadamente, a un máximo de cinco años. La única opción que queda en este escenario, es referirla al hospital de cáncer, y que empiece quimioterapia lo más pronto posible, para ver si el tumor se reduce en algo, y después evaluar el paso a seguir. Ya ella no va a ser la misma jamás, no va a volver a comer como antes, ni podrá hacer las cosas que hacía antes. Deben tenerle paciencia, y mucha.

—Entiendo. —respondo.

— ¿Me está escuchando lo que le estoy diciendo? —dice la doctora en tono desafiante.

—Si.

—Le voy a dar salida, porque al final, estará más cómoda en su casa. Es necesario que empiecen los trámites para su ingreso en el hospital de cáncer una vez tengan todos los documentos.

—Está bien, gracias doctora.

El entender que la posibilidad de una cirugía y que todo volviese a ser como antes, se había desvanecido por completo. Las palabras de la doctora resultan tan difíciles de creer. Era una esperanza que abrazábamos fervientemente, aunque conociendo lo obstinada que es mi mamá, quizás no se dé por vencida. Ahora solo queda seguir, pero aferrado a nada, y sin saber que pasara mañana o los días subsiguientes.

Mi hermana y yo nos despedimos. Y yo me voy rumbo a la oficina. Siento que hay tantas cosas que procesar, no obstante, aun procesándolas, entiendo que no nada está dentro de mi control. Y si pudiera con tan solo un chasquido de dedos arreglar todo, y aun cuando sé que nada volverá a ser como antes, sonar con que todo esto es una pesadilla, suena más verosímil que afrontar la cruel realidad.

Al día siguiente, voy a la visita como todos los días. Mi mamá me pide que le lleve un emparedado. Se come apenas un pedazo y deja lo demás.

—Ayer conversamos con la doctora.

—Si, ya ella hablo conmigo. Me quiero ir para mi casa —responde.

— ¿Han dicho cuando le van a dar salida?

—Dice que probablemente hoy o mañana.

—Bueno, por favor me llama o escribe si es hoy o mañana, para poder hacer los arreglos con el transporte a casa.

No articula palabra alguna. Al culminar la visita, nos despedimos. No puedo dejar de pensar en lo que nos espera. En la oficina, trato de mantenerme ocupado lo más que puedo, al fin y al cabo, en el trabajo tengo control de todo, y cada problema o situación que llega, la puedo solucionar.

En la noche, llego a casa. Iba a cenar, mas no tengo apetito alguno. Le escribo a mi mamá para saber cómo esta y si le dijeron algo. Solo me envía una nota de voz quejándose que se quiere ir.

Tomo un vaso de leche de la nevera, y me acuesto a leer un rato. Una novela de ciencia ficción que me recomendaron. Espero que la lectura me ayude a quedarme dormido, ya mañana será un nuevo día, con nuevos retos que afrontar.

Capítulo 7

A la mañana siguiente, voy camino al trabajo. Hay un tráfico descomunal, y la línea 2 del metro está llena de gente. Usualmente no esta tan lleno durante enero y los primeros días de febrero, ya que tanto los colegios como las universidades estatales están de vacaciones de verano.

Llego al trabajo casi que, corriendo, cuando recibo una llamada de mi mamá. Me dice que finalmente le darán salida hoy. Es un alivio para mí, ya que las condiciones en ese hospital no eran muy buenas, y el tener que ir todos los días en mi tiempo de almuerzo, resultaba agotador. Al menos en casa, ya tenemos control de la situación, si mi mamá necesita algo se le puede conseguir, y, sobre todo, ya no hay horarios o restricciones para verla y estar con ella. Le digo que tan pronto este todo listo, me llame para ir a recogerla.

Mas tarde en el día, me manda varias notas de voz desesperada. Me dice que está cansada y que se quiere ir del hospital. Me pide que vaya para allá inmediatamente. Pregunto si ya le dieron el alta y no me dice nada, solo que vaya para allá. Ante la insistencia, aviso en mi trabajo de la situación, y decido ir para allá. Son poco más de las tres de la tarde.

Al llegar al hospital, me acerco al puesto de enfermería para preguntar por la salida de mi mamá. Me dicen que está todavía esperando firma y sello de la referencia al hospital de cáncer, y que la doctora dejo dicho que no se podía ir sin eso. De modo que debemos esperar. Pregunto si puedo pasar, dado que ya se va, y requiere ayuda para empacar sus cosas, pues recordemos que nos hizo llevarle prácticamente la mitad de la casa, a fin de que pudiera estar lo más cómoda posible. La enfermera accede casi que, a regañadientes, dado que legítimamente eran bastantes cosas que empacar.

Una vez en la sala, mi mamá conversa con las otras pacientes, me dice que usualmente durante la noche, se la pasaban conversando, así que no se sentía tan sola. Había algunas que, si tenían más movilidad que otras, y entre todas se ayudaban mutuamente. Yo empiezo a empacar las cosas, sobre todo la ropa y las sábanas. Al abrir el mueble que se encontraba a un costado de la cama, veo toda clase de jugos, sodas y galletas. Muchas de las cosas que había traído por petición de ella misma, no se las había comido, sumado a algunas de las cosas que le daban durante la comida. Recordé entonces lo que menciono la doctora, y aun cuando estaba iracundo pues muchos de esos jugos, dulces y galletas que me habían pedido con un vehemente sentido de urgencia, entendí que ya nada iba a ser como antes. Y que entre más rápido aceptara el proceso, sería mejor para todos.

Van pasando las horas, y nada de la referencia. Son casi las seis de la tarde. Mi mamá me dice que tiene ganas de comer un sancocho, así que decido pedirlo a través de una aplicación de comida. Iba a pedir algo para mí, pero no tenía casi nada de hambre en este momento. Lo único que deseaba más que nada, al igual que mi mamá, era salir de ese hospital, nunca volver, y dejar este capítulo de nuestras vidas atrás, con el objetivo de empezar a mirar hacia adelante, y poder sobrellevar todo lo que este por venir.

Mi mamá se empieza a desesperar, y después de algunos gritos, finalmente me entregan todos los documentos necesarios para la salida. Ya tenía todo empacado desde hace horas, un total de siete maletas grandes. Las otras pacientes solo se reían de que parecía que se había ido de viaje.

Después de toda la odisea, finalmente estamos en casa. Son las ocho de la noche. Mi mamá toma un baño, mientras yo empiezo a desempacar las cosas, y poner todo a lavar, porque, aunque había mucha ropa limpia, mi mamá insiste en que como eso estaba en el hospital, lo mejor era lavarlo todo.

Conversando con mi hermana, entendiendo que el hecho de que mi mamá se quede sola esta fuera de todo cuestionamiento, y sabiendo lo intransigente que es como para dejar su casa e ir con mi hermana, decidimos que tanto ella como mi sobrino se quedaran con nosotros a cuidarla, dado que yo debo ir a trabajar, y empezar los tramites de admisión para el hospital de cáncer. Mi hermana como estaba trabajando de manera remota, fue solo cuestión de traer su computadora, y acondicionar una de las habitaciones con el escritorio y una silla, de modo que mi sobrino es quien está al cuidado de mi mamá, mientras mi hermana puede estar pendiente de la comida, cocinar y atender demás situaciones en casa, mientras yo voy al trabajo, y hago las diligencias tales como buscar los medicamentos, sacar las citas, atender los temas con la documentación en el hospital, entre otros.

Mi mamá por su parte, aun cuando ya no dispone de las fuerzas de antes, dado que ha perdido casi sesenta libras, insiste en querer limpiar y hacer las cosas por ella misma. Creo que más que a nosotros como familia, es más difícil para mi mamá aceptar la nueva normalidad. La normalidad de que ahora depende de otras personas para hacer tareas simples, las cuales estaba acostumbrada a hacer a su gusto. Delegar responsabilidades resulta un área de oportunidad, porque aun cuando lo hace, es únicamente para después decir cómo hacer las cosas mejor y de manera más eficiente, un eufemismo para el hecho de que, en la mente de mi madre, absolutamente nadie en el mundo hace las cosas mejor de lo que lo haría ella misma, incluyendo cocinar.

Capítulo 8

Al día siguiente de la salida del complejo hospitalario. Empiezo los trámites para la admisión en el hospital de cáncer. Dado que estas diligencias en oficinas gubernamentales pueden ser demoradas, aviso en el trabajo de la situación. Mi jefa, cuya madre es paciente de cáncer, muestra su apoyo desde el principio, y me indica que puedo tomar el tiempo que necesite.

Llego al hospital de cáncer, y me aproximo al cubículo de admisiones. Sorpresivamente, el lugar se encuentra vacío. Son las once y quince de la mañana.

—Buenos días —le digo a la señora.

No responde.

—Mi mamá ha sido referida a este hospital, acá tengo los documentos —digo mientras muestro.

La señora los revisa de reojo, y saca una pequeña copia, y la engrapa junto a la referencia y el resto de documentos.

—Esto es lo que necesitas traer para la admisión. —finalmente me responde.

La hoja pedía origina del expediente, referencia del médico tratante, autorización de la caja de seguro social para atenderse, y las laminillas de la última biopsia realizada.

—Entiendo, muchas gracias. Que tenga buen día.

La señora no responde, se levanta del cubículo y se retira. La sala de espera estaba llena, supuse que por los pacientes en consulta. Nunca antes había tenido la oportunidad, o mejor dicho la necesidad, de pisar este hospital. El ambiente afuera era realmente deprimente, sobre todo los niños esperando turno para quimioterapia. En la sala de espera, muchos pacientes con sus familiares esperando para ser atendidos por un médico. Entendamos algo, la única referencia que tenia de este hospital, era lo que hasta ese día había visto en las noticias. Y la única referencia que tenía sobre cáncer, era lo que había visto en series y películas. Nunca nadie en nuestra familia había padecido cáncer.

Luego de eso, voy al complejo a solicitar las laminillas. El tráfico está algo pesado en la ciudad. Llego casi a las doce y treinta. Me encuentro con que la persona que recibe las solicitudes para las laminillas está almorzando, y que debo esperar a que regrese. No queda más que armarse de paciencia, sobre todo porque al llegar, hay otras cuatro personas por delante de mí.

Finalmente llega la persona encargada, y empieza a atender a los que están delante de mí en la fila. Al cabo de una hora y media, la persona sale y dice que ya no atenderán a más nadie por el día de hoy, y que debemos regresar mañana. Solo faltaba una persona delante de mí, y desde luego yo. Derrotado y con el ánimo por el piso, me retiro del hospital, y regreso al trabajo, pues debo pagar el tiempo que estuve fuera haciendo estas diligencias.

Cuando llego a casa, mi mamá está en su habitación conversando con mi sobrino. Solo saludo, para luego cambiarme de ropa, ir a tomar un baño y comer algo. Fue un día realmente agotador.

Al día siguiente, ya con el objetivo claro, voy de regreso al complejo, formo la fila en la ventanilla de laboratorio, y después de casi dos horas de espera, obtengo las laminillas. Con la satisfacción de esta pequeña victoria, me dirijo ahora hacia el octavo piso, dado que debo ir al departamento encargado de brindar las autorizaciones para que los pacientes asegurados reciban atención medica en el hospital de cáncer. La caja de seguro social y el hospital de cáncer tienen un convenio, mediante el cual todos los pacientes asegurados pueden recibir atención médica, siempre y cuando la caja de seguro social lo autorice, esto para poder gestionar el tema de los pagos y demás, ya que los servicios de oncología pueden ser costosos.

Llego a la puerta, toco, pero nadie abre. Decido entrar. Hay una muchacha sentada a través de un vidrio.

—Buenos días.

—Buenos días —me responde con cara de pocos amigos.

—Necesito esta autorización para llevarla al hospital de cáncer, acá está el expediente y la referencia. —le digo.

Toma los documentos, los lee muy por encima, los engrapa y los tira en una bandeja.

—Venga en una o dos horas —me dice.

—Está bien.

Salgo de la oficina. Ir al trabajo, para después volver, no suena como la mejor opción, de modo que me siento en una sala de espera. Muchas de las cosas del trabajo, las puedo gestionar desde el celular, así aprovecho y no pierdo el tiempo. Los minutos se hacen eternos, cada tanto miro el reloj, y solo han pasado minutos. Finalmente pasan las dos horas, y me acerco nuevamente a la ventanilla para retirar la autorización.

—Nombre —me dice la misma muchacha que me atendió antes.

—Maria Franceschi —respondo.

—No está listo, venga mañana.

—Pero me había dicho que viniera en una o dos horas.

—Venga mañana. —me dice mientras sigue viendo videos en su celular.

Nuevamente con el amargo sabor de la derrota, me retiro. Voy al trabajo a terminar el resto de mi turno, y reponer el tiempo que he estado fuera.

Son casi las nueve de la noche cuando llego a casa, cansado del trabajo, y las diligencias en el área administrativa del complejo hospitalario. Esta vez, solo quiero dormir. De repente, escucho los gritos de mi mamá.

—Dígame, ¿paso algo? —le pregunto.

— ¿Dónde está mi cita? ¿Cómo puede ser que no me dices nada sobre mis tramites? Te vas desde temprano y apareces en la noche. ¿Dónde has estado todo el día? —me dice, seguido de una letanía de reclamos.

Respiro profundo, porque sé que debo ser paciente, mas no aguanto más y respondo de mala manera. Empiezan los gritos y la discusión. Luego de un rato, decido quedarme callado, pues son casi las once de la noche, y realmente quisiera dormir, pues debo levantarme temprano al día siguiente.

Una vez mi mamá termina, le explico lo que paso el día anterior, y luego lo que paso hoy. Nuevamente empiezan los reclamos, que pude haberle dicho lo que estaba pasando, escribir o llamar. Pasada la medianoche, termina la conversación, o más bien el monologo, y me voy a dormir.

Al día siguiente, me alisto para ir a trabajar. Me acerco a la habitación de mi mamá para despedirme.

—Avisa como te va —me dice, mientras me da la bendición.

—Si, está bien.

Salgo rumbo al complejo hospitalario. La mañana soleada, el vagón del metro relativamente vacío. Una vez llego al área de administración, me acerco nuevamente a la ventanilla, para preguntar por la autorización.

—Venga como en una hora o dos horas. —Me dice nuevamente la muchacha.

En este punto, estuve a punto de estallar, no obstante, sentí que nada iba a ganar, más que amargarme aun más de lo que ya estaba, y encima que la mala voluntad de esta muchacha, fuese mayor de la que ya tiene. Me siento en la sala de espera. Aviso al trabajo para reportar lo sucedido, y me comprometo a reponer el tiempo fuera. Afortunadamente, la naturaleza de mi posición, me permite cierta flexibilidad, sin embargo, mi sentido de responsabilidad no me permite estar alejado de mis responsabilidades, aunque en este punto, estoy aceptando el proceso, y buscando la manera de hallar el balance. No puedo abandonar a mi madre en este momento, pero tampoco puedo descuidar mis responsabilidades en el trabajo.

Pasan las dos horas, y me acerco nuevamente a la ventanilla. Firme y decidido, con mente positiva de que esta vez, saldré de ese lugar con la autorización.

— ¿Yo no le dije que viniera como en una o dos horas? —me responde la muchacha en actitud desafiante.

—Si, y ya paso ese tiempo. —le respondo, de la manera más amable posible, pese a lo exacerbado que estoy.

—Bueno, hay un cambio de mando ahora mismo en el departamento, no le sabría decir cuándo va a estar esa autorización, ya que no hay quien tenga sello y firma para eso. —me responde mientras masca un chicle y sigue viendo videos en el celular.

—Pero eso no puede ser, mi mamá necesita atención urgente. —le digo.

La muchacha simplemente me ignora.

Sin saber que hacer, voy al hospital de cáncer, para explicar la situación y ver que opciones tengo. También le escribo a mi madre para mantenerla al tanto.

—Es importante esa autorización —me dice la señora en el cubículo de admisiones en el hospital de cáncer.

—Bien, pero esa autorización es para pacientes asegurados. ¿Y si hacemos de cuenta que mi mamá no tiene seguro social? ¿Podría ir avanzando con la admisión y programar la cita con el servicio de ginecología oncológica? Una vez tenga la autorización, ¿podría traerla?

—No, eso no se puede. Ella al ser asegurada, necesita la autorización. Aun si pudiera ingresarla como paciente sin seguro, los servicios de oncológica son costosos, además que en auditoria pudieran darse cuenta que tiene seguro, y pedir la autorización, y tendrías después otro problema —me explica la señora.

—Entiendo, bueno. Está bien. Muchas gracias.

—De nada hijo, buena suerte —me dice la señora en esta ocasión.

Afligido ante lo que parece un callejón sin salida, regreso al complejo hospitalario. Me siento en una de las bancas que están en el exterior, donde hay unos árboles. Le explico a mi mamá por mensaje de texto lo que está pasando, y me responde con un emoticón. No sé qué hacer. Habiendo dado ya todo por perdido, llamo a un amigo para contarle mi situación, quien me dice que regrese a la ventanilla, que el documento va a estar listo, que confíe en el proceso. Si bien, el optimismo cae como una bocanada de aire fresco en medio de la aflicción, sé que debo tener los pies en la tierra. Este es el tercer día que llevo en estos trámites, y no veo luz alguna al final del túnel.

Luego de meditar detenidamente, y tomando en consideración que lo único que tengo que perder, es que la muchacha esa nuevamente me mande a comer espárragos, resuelvo ir a la ventanilla a preguntar por el documento.

– ¿Yo no le dije que eso no estaba listo? —me dice.

—Por favor verifique, debe estar listo —le digo con mucha seguridad.

—Nombre.

—Maria Franceschi.

Empieza a buscar entre los papeles que están en la bandeja.

—Ah si, mire, aquí está firmada la autorización —me dice muy campante, mientras me la entrega.

—Muchas gracias. Que tenga buen día.

—Igual.

Mientras me retiro, no quepo de la emoción, nunca antes en mi vida me había sentido tan feliz de haber logrado algo. Fue como un milagro en respuesta a mis oraciones. Finalmente, ya tengo todo lo que necesito para gestionar la admisión en el hospital de cáncer.

Una vez de vuelta en el hospital de cáncer, me aproximo al cubículo de admisiones.

—Ya tengo todo —le digo a la señora, aun embriagado en la emoción.

—A ver que tienes. —responde la señora.

Empieza a leer detenidamente todos los documentos, uno por uno. Luego de leerlos dos veces, y haberlos revisado minuciosamente, retira la grapa que los mantenía a todos unidos, y empieza uno por uno a escanearlos. Mientras tanto, me da un formulario de admisión, el cual debo llenar a mano. Todo el proceso toma casi una hora. Una vez todos los documentos escaneados, y la admisión gestionada, me entrega la tarjeta de citas.

—Ve con esta tarjeta y las laminillas a sacar la cita con el servicio de ginecología -

— ¿Algo más que necesite? -

—Si, allá es donde entregaras las laminillas. Y apresúrate porque ya casi son las tres de la tarde.

—Muchas gracias. —le digo a la señora mientras me dirijo a la ventanilla para sacar la cita.

Cuando llego a la ventanilla, hay tres personas delante de mí. A pesar de ello, se mueve bastante rápido. Finalmente es mi turno. Entrego la tarjeta de citas, y me asigna una para el 17 de febrero de 2023, o sea en tres semanas, indicando que esa es la más cercana. Con la cita confirmada, me retiro camino al trabajo, esta vez, con el dulce sabor de la victoria en mi paladar, pues, aunque mi mamá está enferma, al menos sé que ahora recibirá finalmente la atención que necesita, después de toda la odisea vivida en estas últimas semanas.

Al llegar a casa, me lavo las manos y voy corriendo a la habitación de mi madre para contarle todo lo que paso. Se muestra optimista ahora que ya tiene su cita programada, solo es cuestión de esperar, no obstante, la preocupación por su estado de salud y que la enfermedad sigue avanzando, se mantiene latente.

Llegado el fin de semana, y ante el progresivo deterioro de su estado de salud, y ya sin ánimos de esperar hasta la cita médica en el hospital de cáncer. Mi hermana decide conseguir un médico que venga a casa a atender a mi mamá. El medico llega a nuestro hogar, le toma la presión y hace un examen físico.

— ¿Cuáles son sus deseos señora Maria? —pregunta el médico.

Mi mamá no responde.

El medico sale de la recamara y conversa con mi hermana y conmigo.

—El cáncer sigue avanzando, voy a darle esta orden para una transfusión de sangre. Vaya al cuarto de urgencias de cualquier hospital.

—Está bien, muchas gracias.

El medico se retira. Entonces nos alistamos, mi hermana, mi sobrino y yo, para llevar a mi mamá al cuarto de urgencias del hospital SF, que es el más cercano a casa. Al llegar, le dan una silla de ruedas, empezamos los papeles para la admisión. Mi mamá se mantiene con bastante dolor. Rápidamente le administran algunos medicamentos y la sitúan en una camilla.

Al cabo de algunas horas, y varios exámenes, finalmente traen la pinta de sangre del banco para empezar la transfusión. Yo me quedo junto a mi mamá, mientras mi hermana y mi sobrino están afuera. Ellos entran ocasionalmente. Dado lo demorando del proceso, compramos algo para comer.

Culminada la transfusión, mi mamá dice sentirse mucho mejor. Nos indican que después de unos minutos, podremos irnos a casa. Se espera que, con la pinta de sangre, su hemoglobina suba al menos un gramo por decilitro. Finalmente, le dan salida y nos vamos a casa. Mi mamá está mucho más tranquila y activa, le compramos una sopa, la cual se tomó casi toda.

Capítulo 9

Cada día que pasa, mi mamá sigue aquejada por los constantes dolores, y el deterioro físico es cada vez más notorio, a tal punto que siento que no podremos esperar hasta la cita que tiene programada. Estos dolores, en la parte baja, son cada vez más intensos, y los medicamentos recetados no parecen surtir efecto alguno. Prácticamente no come nada.

—Quiero ir al hospital —me dice

—No creo que en este estado sea sensato volver a pasar por otro cuarto de urgencias, donde nos dejen esperando por casi diecinueve horas. —le digo a mi mamá.

—Me duele mucho y casi no puedo respirar. Me aprieta el abdomen.

—Voy a llamar al 911. —respondo mientras llamo.

Al llamar al servicio de emergencias, me contestan a los pocos segundos. Le explico la situación al operador. Me indica que se quedaran en la línea, mientras viene alguien. Me dan algunas instrucciones para validar la respiración e ir dándole más detalles a los paramédicos. Trascurridos veintidós minutos de la llamada, llegan finalmente los paramédicos.

Empiezan a tomarle los signos vitales, le realizan unas cuantas preguntas a mi mamá. Yo les explico que recientemente fue admitida en el hospital de cáncer, pero estamos esperando a la cita programada. Al observar su estado físico, conversan con el medico a cargo vía telefónica, el cual sugiere el traslado. Empieza a verificar en los hospitales más cercanos, sin embargo, todos parecen declinar el traslado. Intentaron con el hospital de cáncer primero, sin embargo, no aceptaron el traslado, dado que, según ellos, aún no ha acudido a su primera cita. Luego de casi cuarenta minutos de espera, finalmente consiguen una policlínica cerca que acepta recibir a mi mamá. Los paramédicos se disponen a subirla a la ambulancia. Yo voy con ellos en el asiento de adelante. Mi sobrino se queda en casa, dado que solo puede viajar una persona en la ambulancia.

Una vez en el hospital, instalan a mi madre en una camilla, y le colocan oxígeno. Aun habiendo llegado en ambulancia, debe esperar su turno. Nos despedimos de los paramédicos, quienes fueron muy amables con nosotros. Finalmente, una doctora la examina, y le manda algunos exámenes, que son realizados en el momento. Una enfermera se aproxima a canalizarla, para empezar a administrar medicamentos a través de intravenosa. Estos surten efecto, y mi mamá esta más tranquila. Nos ponemos a conversar un rato. Entre tanto, llegan mi hermana y mi sobrino. Luego que los medicamentos le surten efecto, otro medico la examina nuevamente, para ver cómo se siente. Hace algunas preguntas de rutina. La sala de espera está llena de pacientes. La policlínica es pequeña, pues está orientada a brindar atención medica primaria, y consulta externa. El caso de mi mamá requiere ir al hospital de cáncer, aun así, pudieron calmarle el dolor intenso que le aquejaba.

El galeno resuelve recetarle unos medicamentos más fuertes para el dolor, y le dan el alta. Son casi las ocho de la noche. Habíamos llegado a la policlínica unos quince minutos antes de las cuatro de la tarde.

– ¿Quiere algo de comer? –pregunto mientras vamos de regreso a casa.

–Como unas papitas o algo así –responde.

Le compramos unas papas fritas, las cuales solo comió unas dos o tres. El resto no las pudo comer. De los Nuggets con los que venían las papas fritas, se comió uno o dos. Tomó agua. Nos quedamos conversando toda la familia, hasta pasadas las once de la noche, cuando finalmente mi sobrino la prepara para dormir. Pudimos sobrevivir al final del día, pero solo pido a Dios que otro episodio como este no vuelva a repetirse, y que en el hospital de cáncer le puedan dar la atención que necesita. Ya falta menos de dos semanas.

Unos días después, todo en casa está relativamente tranquilo. Yo estoy en el trabajo, mientras mi hermana y mi sobrino se quedan con mi mamá. MI hermana ha logrado de manera efectiva, mantener el balance entre el poder trabajar remotamente, y cuidar a mi madre junto con mi sobrino. Es algo que no pude hacer, cuando lo intenté por dos días. Ya tienen horas asignadas para el desayuno, el entremés de la media mañana, el almuerzo y luego la cena.

De repente, me escribe mi mamá, para decirme que los dolores son muy intensos, y que nuevamente siente que le hace falta el aire para respirar. Llamo a mi hermana para preguntar qué está pasando. Mi jefa me indica que hay un área del hospital de cáncer, que se llama corta estancia, la cual se encarga de brindar atención, del tipo cuarto de urgencias, pero para pacientes de cáncer. Entendiendo que a través de los paramédicos y el sistema de emergencia no logramos que la aceptasen, decidimos ir para allá por nuestros propios medios. Al llegar, le pregunto a la seguridad donde está ubicada el área de corta estancia, quien amablemente me señala el lugar, y me orienta en como registrar la llegada en la computadora, para que obtenga cupo de atención. Nos mantenemos esperando afuera. La atención esta algo demorada.

Pasados treinta minutos, finalmente nos llaman para atención. Nos aproximamos al cubículo del médico. A quien le explicamos la situación. El procede a evaluar a mi mamá, y a recetarle algunos medicamentos, solo que ya la farmacia está cerrada. Le administran nuevamente medicamentos vía intravenosa. Un rato después, se aproxima una doctora para nuevamente evaluar a mi mamá.

—Venga señora Maria, la atenderé en el consultorio —dice la doctora.

La doctora en compañía de dos estudiantes de medicina, procede a examinar a mi mamá.

—Bien señora Maria, en este caso estamos hablando ya de un cáncer en estadio IV, el cual está avanzando bastante rápido. Hablarle en términos de porcentajes, o anos de expectativa, sería irresponsable de mi parte, pues la realidad no hay manera exacta de poder medir eso. Pudieran ser semanas, como fácilmente pudieran ser algunos meses. Todo depende del tratamiento, y como reaccione a la quimioterapia.

Mi madre en ese momento empieza a llorar, porque aún llena de esperanzas, y aferrándose a la vida con todas sus fuerzas, debe entender que quizás sus días en esta tierra están contados.

—La vamos a admitir, para poder ir agilizando el tratamiento. Debemos también hacerle varios exámenes para entender en que punto estamos de la enfermedad, y cuál será el mejor curso de acción a seguir. Lo importante es que se sienta cómoda. —le dice la doctora.

—Gracias —responde.

Afuera están mi sobrino esperando. Mientras, voy con mi madre a el laboratorio, luego le administran más medicamentos vía intravenosa. Finalmente, está más tranquila, incluso hasta bebe un poco de agua. La enfermera nos indica que solo tenemos que esperar cama, y que este proceso puede tardar varias horas. Debemos armarnos nuevamente de paciencia. Al menos, está más cómoda. Nos ponemos a conversar sobre lo que ocurre alrededor, mientras mi sobrino ensimismado en el celular. En el ínterin, mi mamá conversa con algunos pacientes. Las horas pasan, el lugar se va vaciando. Le digo a mi sobrino que se vaya para la casa, dado que solo resta esperar a que haya cama disponible para la admisión. Pasadas las once de la noche, llega el camillero para trasladar a mi mamá.

—No podrá subir, por la hora. Ella va a estar en el piso 4.

—Mamá, tome el celular. Ya tiene data y está cargado. Para que podamos mantenernos en contacto. Sera lo único de valor que tendrá. —le digo, ya que yo me estoy quedando con su cartera y sus identificaciones.

—Si, tráeme más sabanas y mis almohadas —me dice.

En un momento emotivo, nos despedimos. Y se la llevan para la sala. Mientras, yo me dirijo a casa. Cansado después de muchas horas de espera. Solo había comido algunas golosinas de la máquina expendedora, y una gaseosa. Al llegar a casa, le cuento a mi hermana de cómo nos fue, y estamos más tranquilos, al saber que ahora mamá recibirá la atención medica que necesita…

En la mañana siguiente, me envía mensajes de texto para decirme como esta. Le han cambiado de habitación y de sala. Ahora está en el piso siete, sala de ginecología. La atención es buena, más se queja del frio intenso y de lo insípida que es la comida.

—Ya me han hecho varios exámenes, y me están administrando medicamentos.

—Qué bueno.

—Los doctores vienen todas las mañanas.

Las auxiliares nos indican que, dada la movilidad reducida, es necesario que alguien se quede con ella, solo que debe ser mujer. Mi hermana entonces hace la solicitud de días de vacaciones en su trabajo, a fin de poder internarse con ella. Mas allá del tema de la movilidad, mi madre tenia a las auxiliares y enfermeras al borde del colapso de tantas exigencias. Después de muchas vueltas, mi hermana por fin consigue la prueba de covid19 negativa, y logra internarse con ella.

Mi hermana me cuenta, que, por las noches, mi mamá pedía un té caliente, o no quería dormirse. Al haber una persona internada acompañándola, ya no tenía derecho a visita por política del hospital, para poder prevenir que los pacientes contraigan algún virus, entendiendo que muchos de estos pacientes tienen un sistema inmunológico débil, debido al cáncer que les aqueja. Diariamente mi hermana me escribe para contarme las aventuras acompañando a mi mamá, lo incomodo del sillón donde debe dormir, y la comida.

—Me van a hacer el primer ciclo de quimio —me dice mi mamá, mientras hablamos por teléfono.

— ¿Y cómo se siente? —pregunto.

—Bueno, ahí. Dice que será aquí mismo en el cuarto.

—Al menos esta cómoda.

—Eso sí, me establan explicando que esperar, y como podría sentirme después de ese primer ciclo.

—Encomendarse a Dios de que todo saldrá bien. Trate de descansar lo más que pueda, y dormir.

—Si, me mandaron unas pastillas para dormir.

Al día siguiente, le administran el primer ciclo de quimioterapia. Dura poco más de tres horas en bajar el coctel de medicamentos. Algunos de los síntomas experimentados son mareos, sensación de cansancio, una especie de dolor y ardor por debajo de la piel, calor intenso (a pesar del frio del aire acondicionado), y algo de vomito. La doctora indico que esos malestares son normales, y que en un par de días se empezara a sentir mejor, ya que los medicamentos empiezan a luchar con la enfermedad. La quimioterapia no le va a curar el cáncer, pero al menos garantiza que tendrá una mejor calidad de vida, probablemente.

Capítulo 10

Días después, deciden darle salida a mi mamá. Al final, sus cuidados son de índole paliativo, ya las cartas están echadas, sin embargo, mantenemos la fe intacta. La distensión en el abdomen ha aumentado, prácticamente no come nada sólido. Debido a la hernia, la cual no guarda relación alguna con el cáncer, pero que ya no se puede operar, junto con la distensión, hace que los pulmones tengan dificultad para respirar, con lo que nos indican que será necesario tener un tanque de oxígeno en casa. Tener un tanque de oxígeno en casa, de acuerdo a las regulaciones de Panama, requiere una autorización por parte del cuerpo de bomberos, junto con una receta. Debe ser de un proveedor confiable, ya que esto puede ocasionar una explosión. En el hospital nos indican que, mientras hacemos todos los trámites pertinentes, nos pueden prestar un concentrador de oxígeno, el cual cumple la misma función. Es una máquina, la cual se conecta a la corriente eléctrica, hay que llenar un vaso que tiene en la parte inferior, hasta cierta medida, mientras la maquina separa selectivamente el nitrógeno de una corriente de aire ambiental, para así concentrar el oxígeno que va hacia el paciente. Nos advirtieron que esta máquina genera bastante calor, con lo cual es recomendado tener aire acondicionado o abanico encendido.

Una vez culminada la explicación de cómo usar el concentrador de oxígeno, tenemos todo empacado, y esperando para la salida. La movilidad de mi mamá está bastante reducida, motivo por el cual el traslado a casa será en ambulancia. Estamos esperando a que llegue. Supuestamente seria a eso de las tres de la tarde, pero ha pasado una hora, y seguimos esperando.

— ¿Ya nos vamos? —pregunta mi mamá.

—Aún estamos esperando a la ambulancia.

— ¿No nos podemos ir en carro?

—No, lo recomendable es la ambulancia, ya que necesita el oxígeno.

Nos quedamos conversando un rato, como le iban a dar salida, me permitieron estar en la sala de espera, afuera de los cuartos, más podía entras periódicamente para ver cómo estaba. Mi hermana, quien estuvo internada con ella por espacio de una semana y media, ya se había retirado, pues seré yo quien vaya en la ambulancia.

A las cinco y cuarenta y ocho, llega finalmente la ambulancia. Empiezan el papeleo para el traslado. Una vez todo listo, empiezan a trasladar a mi mamá. Ella se despide de todos en la sala, las auxiliares y enfermeras también se despiden de ella. Saliendo del hospital, mientras uno de los paramédicos está a punto de meter la camilla a la ambulancia, el otro abre la puerta, y mi mamá aprovecha para mirar hacia el cielo, con las dos manos da un beso hacia el cielo, y dice "gracias Dios mío". Aún era visible los rayos del sol, a pesar de que ya eran poco más de las seis de la tarde.

En el camino, voy conversando con los paramédicos, mi mamá está bastante tranquila, aunque se queja del malestar cada vez que la ambulancia pasa por algún bache en la calle. La calle está bastante despejada.

Finalmente, llegamos a casa. La camilla no cabe por el ascensor, así que no hay más remedio que sentar a mi mamá en una silla, la cual debe ser levantada en peso por los paramédicos. Una vez dentro del apartamento, los mismos me ayudan a acomodar a mi mamá en su cama, proceden a encender el concentrador de oxígeno. Amablemente, deciden esperar unos minutos a que la maquina termine de encender, para posteriormente retirarle el tanque de oxígeno y que use el concentrador. Mi mamá les agradece por la atención. Una vez que se han retirado los paramédicos, voy hacia la recamara para abrir la ventana y encender el abanico, ya que hace calor debido a la máquina.

— ¿Cómo se siente? —pregunto.

Solo me hace una seña con la mano de más o menos.

— ¿Está bien la altura de la almohada? —pregunto.

—Un poco más alta estaría bien.

—Voy a buscar los cojines del sillón de la sala.

Después de acomodar el cojín, la dejo descansando. Aprovecho para barrer y trapear. Mi hermana llega algunos minutos más tarde. Nos quedamos conversando, mientras mi mamá dice que no necesita el oxígeno de momento, y se lo quita. Se queja de que la maquina además de dar calor, hace demasiado ruido, lo cual es cierto.

Nuevamente, nos toca ir aceptando el nuevo proceso, que las cosas ahora serán diferentes. Dentro de las instrucciones, están las citas con la unidad de cuidados paliativos, estas citas pueden bien ser presenciales o por teléfono. Semanalmente, le asignan un cuadro de medicamentos, a fin de que este, dentro de lo que cabe, más cómoda. Le han asignado cita con el servicio de oncología médica, de modo que el doctor pueda ir evaluando, y determinar los ciclos de quimioterapia posteriores. Pese a que, entre el trabajo y esta enfermedad siento que me está consumiendo, estoy tranquilo de saber que al menos está en casa, y que las cosas están avanzando. No hay mayor tranquilidad, en el contexto de esta enfermedad, que saber que las cosas se están dando, sentir que hay un plan de trabajo, y un objetivo claro. Sentir ese rayito de esperanza en medio de la adversidad, he aprendido a agradecer por cada victoria, por más pequeña que sea, pero, sobre todo, a ser agradecido con la vida. Si mi mamá esta agradecida, y a pesar de su situación, lucha y se aferra a la vida, nosotros también debemos hacer lo mismo.

Capítulo 11

Los días en casa ahora son un reto. Son pocas las horas que mi mamá duerme, y cuando esta despierta, es difícil poder hacer que se quede tranquila. A pesar de lo reducida que es su movilidad debido a la distensión en el abdomen y la hinchazón en los pies, busca la manera de levantarse y hacer algún quehacer de la casa. Mi sobrino se mantiene a su lado en todo momento.

Cuando no estaba enferma, a veces desordenaba la casa para volverla a acomodar. Sacudir lo muebles, aunque no tuvieran polvo, o acomodaba las cosas en diferente posición, ya que esto hace que las vibras del hogar cambien. Incluso estando enferma, nos hizo cambiar la cama de posición la semana pasada. Dado que nadie hace las cosas mejor de lo que las hace ella misma, cuando hay que cocinar, le pide a mi sobrino que traiga todos los ingredientes hasta la cama, y ella misma se pone a condimentar. Una vez terminado, mi sobrino lleva todo de vuelta a la cocina y empieza el proceso de cocción. Toda la mezcla de ingredientes es al ojo, dado que después del primer ciclo de quimioterapia, casi no tiene paladar. Sorpresivamente, todo queda bien. Lo que más extraño de cuando mi madre estaba sana, es la comida, especialmente los domingos, cuando preparaba arroz con frijoles negros y coco, pollo guisado, ensalada de papa y plátanos maduros. Otras veces era el día de los macarrones con pollo, ensalada y plátano. En navidad, los dulces de fruta eran lo máximo. Recuerdo que dejaba las frutas con el ron concentrado en una vasija en la nevera hasta de un año para otro. Esto le daba un sabor único y especial al dulce de frutas.

Nunca puede ver ropa sucia en el cesto, aun si se tratase de una sola prenda, se ponía a lavarla. Ahora enferma, tenemos que lavar la ropa casi todos los días, dado que mi mamá siempre dice que uno nunca sabe cuándo pudiera suscitarse una emergencia o algo, y es mejor tener la ropa bajo control. Cuando alzo mi voz en señal de protesta por el alto consumo de agua, detergente y suavizante de ropa que esta práctica trae consigo, empieza la letanía de quejas, de que soy un hombre ruin y miserable, por quejarme de unos cuantos centavos más, que mantener el orden y el control de la casa no tienen precio.

Una práctica que adoptamos durante la pandemia del covid19, y hemos mantenido, es evitar entrar a casa con los zapatos de la calle. Ahora que está enferma, hemos aumentado las medidas de limpieza, dado que, por su condición, un resfriado común pudiera ser terrible. Tenemos una zapatera en la entrada, y barremos y trapeamos la casa todos los días, tal cual ella lo solía hacer cuando estaba sana, dado que siempre dice que una casa está limpia, solo si se puede caminar descalzo en ella y los pies se mantienen limpios. Los baños, cuando no estaba enferma, se lavaban un día sí y un día no, y para mí es increíble que, con sesenta y cuatro años, se arrodillaba para restregar un cepillo el piso de la ducha, debía quedar reluciente. Cuando yo lavaba los baños, se quejaba que los pisos no quedaban relucientes, a pesar de mi esfuerzo en restregarlos.

Ahora que está enferma, mi sobrino usualmente lava ambos baños.

—Pasado mañana tenemos cita en oncología médica. —le digo a mi mamá.

— ¿Cómo se llama el doctor? —pregunta.

—Es el doctor M. Estuve investigando en Internet su hoja de vida. Tiene buenas referencias.

—Bueno.

Como esta será nuestra primera cita con oncología médica, no sabemos que esperar o que nos dirá el doctor. De lo que nos han dicho en el área de corta estancia, así como en cuidados paliativos, el oncólogo hace las veces de médico de cabecera, por lo que es fundamental la comunicación, hacerle saber todo lo que pasa.

Llega finalmente el día de la cita con oncología médica. Dado que nos han dicho que atienden por orden de llegada, nos levantamos muy temprano para poder estar entre los primeros. Llegamos al hospital a las cinco de la mañana. Ya había varias personas esperando. Una señora la escucho decir que esta desde las diez de la noche del día anterior. Hay muchas personas que vienen del interior del país, dado que solo hay un hospital de cáncer.

—Ojalá me llamen rápido —dice mi mamá.

—Vamos a ver.

Al marcar el reloj las siete de la mañana, el área de espera de consulta está llena de personas, a tal punto que incluso la gente trae sus propios bancos y sillas para sentarse en cualquier parte a esperar. El personal del hospital sugiere que los pacientes tengan prioridad y les den el puesto, aunque muchos están en silla de ruedas. Mi mamá por el tema de la dificultad para caminar, usa silla de ruedas cuando estamos en el hospital. Esto es toda una odisea, porque muchas veces no hay silla de ruedas, con lo cual hay que esperar a que alguna se desocupe. Viendo este panorama, hemos contemplado la posibilidad de comprar nuestra propia silla.

Las horas pasan, y no han llamado a ningún solo paciente del doctor M.

—Por lo que pude escuchar, el hombre parece que no ha llegado —le digo a mi mamá.

—Me parece una irresponsabilidad. ¿Qué hora es? —me pregunta.

—Son las nueve y cuarenta de la mañana.

—Dame un poco de agüita, por favor.

—Está bien —respondo mientras le doy la botella de agua, y se la abro para que pueda tomar. Solo bebe un sorbo pequeño. La vuelve a cerrar, y la guarda en su maleta de viaje.

Siendo las nueve y cuarenta y ocho, sale una auxiliar de enfermería, de estatura media, cabello negro, algo de acné en su rostro, y ojos cafés. Sus zapatos alguna vez fueron blancos, mas hoy están algo grises producto de la suciedad. Trea consigo una tabla que usa para apoyar, una lista que acaba de imprimir, por lo que veo.

—Buenos días, pacientes del doctor M… —grita.

Alzamos la mano al unísono, somos varios, mas no los logro contar.

—Ya vamos a empezar a llamar —dice la auxiliar.

—Bueno, una buena noticia —le digo a mi mamá.

—Ay no, estoy cansada ya de estar sentada. Y esta mascarilla me está sofocando.

—Tenemos que ser pacientes. Ya pronto nos van a llamar.

Me acerco donde mi sobrino, y le pregunto si tiene hambre. Me dice que no, porque había comprado algo en la máquina expendedora que está afuera.

— ¿Le preguntaste a Alex si tiene hambre? —me dice mi mamá. —el niño no puede estar pasando hambre. Mira la hora que es -

—No, dice que se compró algo en la máquina expendedora. Igual acá en la mochila tenía algunas cosas que había empacado Yami.

El tiempo pasa, y se hace eterna la espera. Aun cuando hay aire acondicionado en el área, casi ni se siente debido a la gran cantidad de personas esperando para consulta. Tal parece que los jueves son los días más ajetreados, porque hay consulta tanto de oncología, como de cuidados paliativos y otros servicios médicos.

Siendo las once y cincuenta de la mañana, finalmente escuchamos el llamado.

—Maria Franceschi —dice la auxiliar.

—Somos nosotros —respondo.

—Vengan.

Voy empujando la silla de ruedas hacia el consultorio. Mi sobrino se queda afuera esperándonos. Dentro del consultorio, el doctor está tomando algunas notas en la computadora. Alcanzo a ver de reojo la lista de la auxiliar, el doctor tenía 38 pacientes programados para consulta, y dejaron a mi mamá de ultima, dado que era la primera vez que el doctor la vería.

—Buenos días señora Maria, me presento. Soy el doctor… —dice el galeno.

—Buenos días. —responde mi mamá algo cansada.

—Cuénteme, ¿Cómo se ha sentido? Veo que ya recibió el primer ciclo de quimioterapia estando hospitalizada. ¿Cómo le fue?

—Bueno, ahí doctor. No tengo sabor en la boca. Los primeros días me sentía muy cansada y con calor.

—Es normal, todo es parte del proceso. Para eso del mal sabor en la boca, puede hacer gárgaras de bicarbonato de sodio.

—Doctor, lo único que ha estado comiendo es sopa.

—Eso es agua con sal, y no hace nada. Veo que tiene la hemoglobina en 5.8. Necesita suplementos proteínicos. La voy a referir a nutrición para que le hagan un plan de dieta acorde.

—Si, por favor —le digo. —muchas veces no sabemos ni que darle para comer.

—Pueden darle lentejas y licuarlas, estos suplementos de proteína en polvo con los que se puede hacer batidos, son muy buenos.

—Gracias doctor.

—Bien, le voy a programar el segundo ciclo de quimioterapia. El ultimo lo recibió hace poco más de tres semanas, se lo voy a colocar para el día lunes. Se lo hubiese puesto hoy mismo, pero asumo que está cansada y ya se quiere ir para su casa.

—Si doctor, muchas gracias.

También aprovechamos para contarle sobre el malestar en los pies, y que a veces le cuesta dormir. El doctor le envía algunos diuréticos, y pastillas para dormir. Quedamos con la cita para quimioterapia programada para el día lunes. Saliendo del consultorio, vamos a la farmacia a retirar los medicamentos.

Una vez que llegamos a casa, le contamos a mi hermana como nos fue en la cita.

—No sé si vaya a poder ir al segundo ciclo de quimioterapia. He perdido ya varias horas en el trabajo. —le digo a mi hermana.

—Yo iré con Alex y mi mamá —responde.

—Bueno, por lo que he escuchado hay que estar preparado para el peor escenario posible. Dice que hay gente que vomita, se orina, empieza a gritar…es por eso que la persona siempre debe estar acompañada. Y lo otro es que los puestos son limitados, por lo que hay que ir temprano, para salir temprano.

—Yo no voy a madrugar, si eso dice que puede ser a cualquier hora… —dice mi mamá.

—Yo digo que pudiéramos ir tipo ocho o nueve de la mañana.

— ¿Están seguros? —si.

—Si, si al final solo queda esperar.

—Andy se ofreció a llevarme.

—No sabía que había conversado con ella.

—Si, a veces chateamos.

Andy es una vieja compañera de trabajo de mi mamá. Se conocen desde hace más de catorce años.

Dentro de lo que cabe, me siento bien con el resultado de la cita de hoy, pese a la larga espera, conseguimos la cita con la nutricionista, logramos sacar las medicinas, y además tenemos el próximo ciclo de quimioterapia programado. En medio de todo, me siento tranquilo de saber, que estamos dando pasos hacia la dirección correcta.

Capítulo 12

Llega el día del segundo ciclo de quimioterapia. Mi mamá se despierta temprano para alistarse, mi sobrino la acompaña. Ya mi hermana esta despierta también. Yo también me levanto para ayudar a alistar a mi mamá. Durante esta enfermedad, las salidas han sido todo un protocolo. En la maleta de viaje, lleva lo siguiente: botellas de agua, algo para comer por si le da hambre, paños húmedos alcoholados para limpiar superficies, gel alcoholado para las manos, crema hidratante de piel, almohadas, sabanas por si le da frio, papel higiénico, entre otras cosas. En otra bolsa, todos los papeles relacionados con la enfermedad, la tarjeta de citas y las identificaciones.

—Bueno, ya nos vamos. —dice mi hermana.

—Me avisan cualquier cosa, por favor. Voy a estar pendiente del celular. —respondo.

Yo los acompaño hasta la recepción del edificio, para poder ayudar a sentar a mi mamá en el auto. Este proceso es otro protocolo, dado que, por la distensión en el abdomen, no puede tener el cinturón de seguridad muy apretado, porque le molesta, y la silla debe estar reclinada en una posición específica para que no le moleste la espalda, así como debe estar corrida hacia atrás, para que pueda estirar los pies. La conducción del vehículo debe ser con cuidado, ya que, al caer en algún bache, le molesta a mi mamá y el dolor es intenso.

Al llegar al hospital, le indican a mi hermana que debe ir primero a la farmacia a sacar los medicamentos para la quimioterapia, para luego llevar la orden al área correspondiente, y que puedan asignarle la silla para empezar. No todas las quimioterapias son iguales, hay personas cuya quimio solo demora treinta o cuarenta y cinco minutos, así como hay casos donde la quimio puede tardar entre cinco y seis horas. Va a depender del tipo de cáncer, el estado en el que se encuentre, y el coctel de medicamentos asignados. Un set completo de quimioterapia puede estar costando novecientos ochenta dólares aproximadamente, mientras que una sesión de radioterapia puede costar noventa y ocho dólares. Tener cáncer puede ser costoso, es por eso que, en el hospital de cáncer, reciben atención medica desde personas de estrato social muy humilde, hasta gente con muy alto poder adquisitivo, ya que, en un hospital privado, puede llegar a ser una cuenta impagable. Si a un paciente le asignan veinte sesiones de radioterapia, son mil novecientos sesenta dólares.

Una vez mi hermana culmina el trámite en la farmacia, lleva la hoja con los medicamentos al área de quimioterapia. Ahora solo resta esperar. Le escribo para saber cómo va todo, y me va contando el proceso.

Finalmente llaman a mi mamá, y empiezan el segundo ciclo de quimioterapia. La enfermera le indica a mi hermana que espere afuera, y que de necesitarse algo, la estarán llamando por el altoparlante. Al cabo de una hora y media, llaman a mi hermana. Ella preocupada, entra al área de quimio. Mi mamá quería ir al baño y necesitaba que la acompañaran. Después de eso, mi hermana se queda un rato con ella, todo de momento está bastante tranquilo.

Luego de tres horas, termina el ciclo de quimioterapia, y le indican a mi hermana que en unos minutos podrán retirarse. Me escribe para avisar. Yo estoy en el trabajo, pero estoy pendiente al celular en todo momento.

Llegan a casa, y bañan a mi mamá, le cambian la ropa y la acuestan en su cama. Se queda dormida. Al caer la noche, llego del trabajo y le pregunto a mi hermana como les fue. Me aproximo a la habitación, y mi mamá sigue dormida. Había estado con algo de malestar y vomitando, lo cual era de esperarse. Según el médico, después de unos tres a cinco días, ya debe empezar a sentirse mejor.

Al día siguiente, mi mamá se sigue quejando del dolor, y de que tiene un sabor a plomo en la boca. Que siente la sangre caliente, como si le estuvieran quemando debajo de la piel, se mira al espejo y tiene ojeras pronunciadas. Se sienta en la cama, y empieza a peinarse, cuando de repente le escucho gritar y llorar.

— ¿Que le paso? ¿Se cayo o le duele algo? —pregunto.

—Mira el piso, mira —me dice mientras me señala el suelo y sus manos.

Era el cabello que se le estaba cayendo el cabello a montones, cosa que no había ocurrido en el primer ciclo de quimioterapia. Este era precisamente el motivo por el cual nunca había querido hacer quimioterapia en primer lugar.

—Sabíamos que esto iba a pasar. Es parte del proceso.

—No, no quiero. Me siento mal - grita, mientras sigue en llanto.

Empieza a decir toda clase de cosas, a preguntarse cuál fue el mal tan terrible que hizo para merecer esto. Le intento abrazar, mas no puedo. Sigue agarrándose el cabello, y se le sigue cayendo. Al ver esta escena, siento que no puedo más, y empiezo a llorar. Era la primera vez que lloraba.

—Ya no sé qué más hacer mamá, estoy dando lo mejor de mí, pero siento que no funciona nada. Esto no lo puedo resolver.

Estaba tan cansado de ser fuerte, de pretender que todo está bien y que es parte del proceso, estoy cansado de tener fe en algo que no se va a dar. Mi mamá entonces deja de llorar, y me abraza. Yo le abrazo también.

—Ya no llores —me dice.

—No puedo, estoy cansado de todo esto. No sé cómo resolverlo.

Mi mamá no dice palabra alguna, y solo me sigue abrazando. Yo sigo llorando, sobre su regazo, y ella empieza a soplarme sobre la frente y la cabeza para darme fresco, como lo hacía cuando yo era niño y lloraba desconsoladamente.

— ¿Qué hago mamá? Todo lo que hago no funciona.

—No podemos hacer nada.

Luego de varios minutos, logro calmarme. Voy a la cocina y tomo un poco de agua. Abro la ventana de la habitación para que entre algo de brisa. El abanico está encendido también.

—Quédate aquí un rato —me dice.

—Está bien. Podemos ver la televisión.

Enciendo la televisión y nos quedamos viéndola un rato. El panorama luce incierto nuevamente, sin embargo, el desahogarme y tener ese momento de catarsis, me ayudo a liberar mucho del estrés y ansiedad que se habían estado apoderando de mi a lo largo de las semanas. Siempre había tratado de mantener una postura estoica ante la situación, y aunque hoy la adversidad me haya vencido, me enfoco en que debemos salir adelante. En que debemos seguir luchando, para ganarle esta batalla al cáncer.

Capítulo 13

Las próximas citas están programadas para el 30 de marzo de 2023. Con el objetivo de tener que ir varios días, conseguimos que tanto la cita con oncología, como la de cuidados paliativos y la de nutrición sean el mismo día.

Mi mamá se mantiene optimista, a pesar de los altibajos. Seguimos adelante. El segundo ciclo de quimioterapia dejó varias secuelas. A tal punto que mi mamá no está segura de querer seguir adelante. Es complicado para ella, cuando precisamente este era el punto que estuvo tratando de evitar a toda costa.

Llega el día de la cita, como siempre, nos levantamos temprano. Mi hermana se queda en casa, mientras mi sobrino y yo somos los que vamos a la cita. La logística ahora luce algo compleja, pues tenemos que estar pendientes de las tres citas, más el laboratorio. Le digo a mi sobrino que lleve a mi mamá al laboratorio para que le vayan sacando la muestra de sangre para los exámenes, mientras yo espero en cuidados paliativos a que la llamen. Una vez culminado el proceso en el laboratorio, regresan al área de consultas.

—Aun no la han llamado de cuidados paliativos. Hagamos algo, yo me quedo acá en cuidados paliativos, mientras tu y abuela se quedan esperando afuera del consultorio de oncología. La cita con nutrición no es sino hasta las once de la mañana, así que creo que estamos bien. —le digo a mi sobrino.

—Está bien.

Eventualmente llaman a mi mamá en cuidados paliativos. Me acerco, más la doctora me indica que quiere ver a mi mamá, así que la traigo. Mi sobrino en esta ocasión se queda afuera del consultorio de oncología, pendiente por si llaman a mi mamá, de modo que en caso que la llamen, pueda avisar que está siendo atendida en cuidados paliativos.

Una vez termina la cita en cuidados paliativos, nos indican que la receta ya está en la farmacia. Regresamos al área de consultorios de oncología. Aún no han llamado a mi mamá. Son casi las diez de la mañana, cuando nos damos cuenta que el oncólogo de mi mamá está de vacaciones, y le han asignado otro médico. Finalmente nos llaman.

—Buenos días señora Maria —saluda el doctor C.

—Hola, buenos días.

Proceden a pesar a mi mamá, el doctor revisa en la computadora los resultados de los laboratorios de mi mamá. Le indican que tiene la hemoglobina bastante baja. Mi mamá indica que el segundo ciclo de quimioterapia fue fatal para ella, y que lejos de ayudarle, se sintió mucho peor. Yo mientras tanto, le indico al doctor que hemos tenido un reto haciendo que coma, aunque sea un poco, así como el tema de los pies hinchados. Nos manda un medicamento, que ayuda a despertar el apetito, junto con algunos diuréticos. La receta es enviada a la farmacia. El galeno recomienda en este caso una transfusión de sangre, ya que una pinta puede ayudarle a subir la hemoglobina, a lo que mi mamá accede. Decide no asignar otro ciclo de quimioterapia, hasta que regrese el oncólogo de mi mamá, y pueda evaluar el progreso después de la transfusión.

—La transfusión demora bastante, porque hay que hacer cruce, luego validar la disponibilidad en el banco de sangre. Mejor se la pongo para mañana. —dice el doctor.

—Si, está bien.

—Acuda al área de corta estancia con esta orden.

Culminada la cita, nos dirigimos hacia el cuarto piso para la cita con la nutricionista. El área de consulta con la nutricionista estaba relativamente vacía, en comparativa con las otras consultas. Solo había dos personas por delante de nosotros esperando. Pasados treinta minutos de espera, nos llaman. Son las once y cuarenta y ocho de la mañana.

—Hola, buenos días. Veo que son nuevos en la institución.

—Bueno, si pudiera decirse —respondo.

La nutricionista, pudiera tener menos de treinta años. Es de tez blanca, cabello rubio teñido, ojos cafés.

Muy delgada. Procedo a explicar lo complicado que ha sido para nosotros hacer que mi mamá coma. Le comento que mi hermana había visto algunos tutoriales en YouTube sobre licuados naturales, a lo que la nutricionista nos indica que no hagamos caso a esos videos, ya que esas personas no tienen experiencia o el conocimiento en nutrición oncológica, sumado al hecho de que cada caso es diferente. Procede a pesar a mi mamá y a realizar algunos exámenes físicos. Basado en el tipo de cáncer que tiene mi mamá y en su estado actual, nos sugiere comprar algunos suplementos de proteína en polvo, con los cuales se pueden hacer batidos o bien cremas. También nos recomendó algunos suplementos multivitamínicos, ya que no está comiendo nada.

—Me gustaría volverla a ver, como dentro de tres semanas, y evaluamos como le está yendo ahora con esta nueva dieta.

—Claro, muchas gracias licenciada —responde mi mamá.

La nutricionista nos da instrucciones impresas sobre la dieta que mi mamá puede seguir, así como el detalle de los suplementos a comprar. Mi mamá está muy contenta con la atención de la nutricionista. Una vez terminada la cita, bajamos para retirar los medicamentos de la farmacia. Es medio día, y me siento bien por el hecho de que pudimos cumplir con todas las citas, a pesar de lo compleja que fue la logística, contar con el apoyo de mi sobrino fue clave para el éxito. Contar con el apoyo de toda la familia es clave en el proceso de todo paciente de oncología, pues, en definitiva, esto no es algo que pueda lidiar una sola persona. A lo largo de este viaje, me ha tocado ver incluso familias enteras acompañar a un paciente, lo cual me lleva a la conclusión de que al menos, dentro de lo que cabe, esta enfermedad logra unir a las familias, porque antes de todo esto, si acaso veía y convivía con mi hermana y mi sobrino una o dos veces al año, y ahora estamos viviendo todos juntos, como cuando era pequeño, en la unión esta la fuera, y juntos podremos hacerle frente a esta batalla.

Capítulo 14

Mi mamá poco duerme durante la noche, aun cuando le han enviado medicamentos para dormir, mismos que no quiere tomarse, pues según ella la ponen estúpida, prefiere estar despierta y alerta. Son muchas las horas que nos quedamos conversando, dado que como no quiere dormir, aprovecha para contar algunas cosas que no sabíamos de su niñez y juventud.

Nos cuenta que cuando era niña, su madrina siempre iba el día de su cumpleaños con una enorme plancha de dulce, y una muñeca. La madrina de mi mamá estaba casada con un oficial retirado del ejercido de los Estados Unidos, y tenían una casa muy grande en Fort Gulick, en la provincia de Colon. Fort Gulick era una base militar en la antigua zona del canal. Cada verano, su madrina manejaba por horas para ir a buscarla, mientras mi mamá, siendo apenas una niña, lloraba desconsolada porque no quería irse de su casa. Mi abuela le insistía que debía ir, ya que era un paseo y estaría mejor allá. Mi mamá vivía en una casa de madera en la ciudad de Panama, solo mi bisabuela trabajaba, y aun cuando su salario en la zona del canal no era malo, como había muchas personas en casa, vivían modestamente y sin mucha ostentación.

En la casa de la madrina de mi mamá, había aire acondicionado central, me cuenta que la casa estaba pintada de blanco, con ventanas chocolates, y el techo era de teja roja. El jardín era grande. Alla tenía su propia recamara, mientras en el arrabal debía compartir habitación con muchas personas. Nos cuenta que, por espacio de tres o cuatro días, lloraba desconsolada, porque quería ir a casa, ya después se le pasaba, más siempre estaba presente la nostalgia por su casa, y sobre todo esta con su abuelita.

En otra noche, mi mamá nos cuenta que, del único trabajo en el cual había sido despedida en toda su vida, fue en un almacén de indostanes. Era 2 de enero de 1981, y estaba en la recepción, cuando de pronto, llega una mujer bastante desaliñada, exigiendo hablar con el dueño. Mi mamá se disponía a entrar a la oficina de su jefe, pero lo ve hablando por teléfono, y él le hace señas que no lo interrumpa. Procede entonces a decirle que el jefe no está disponible en este momento. La señora empieza a gritar, y mi mamá se levanta y le indica que por favor se retire. La saca de la oficina. Aquella señora de aspecto desaliñado, resultó ser la amante del jefe de mi mamá, quien alegó que mi mamá la había tratado mal. El jefe de mi mamá al saber esto, la despide. Años después, mi mamá se enteró que la realidad es que aquella señora había amenazado al jefe, con contarle toda la verdad a la esposa si no despedía a mi mamá, ya que, según ella, fue una afrenta imperdonable la manera en que mi mamá la trató.

También nos cuenta que, durante un tiempo estuvo viviendo en la provincia Bocas del Toro con su papa, mi abuelo, y su madrastra. Dice que las lluvias en Almirante eran por días, que incluso debía usar botas y abrigo de lluvia para ir a la escuela. La madrastra de mi mamá era blanca, de los ojos verdes, y casi no hablaba mucho castellano. Las cenas eran casi a las diez de la noche, dado que mi abuelo estaba fuera todo el día por su trabajo, pues ocupaba una gerencia regional en el instituto nacional de telecomunicaciones. La especialidad de la madrastra de mi mamá era: arroz con coco con guandú, pollo al horno, ensalada de papa, y plátano en tentación. Otras veces hacia bacalao, con ensalada de chayote y zanahoria. Mi mamá recuerda con mucha nostalgia sus años en Bocas del Toro.

Mas adelante, nos cuenta cuando salió embarazada de mi hermana, y las habladurías que hubo, dado que no estaba casada. Corría para entonces el año 1978. Mi bisabuela siempre mostró apoyo desde el primer día, mas no fue lo mismo con mi abuela. Cuenta que las discusiones eran constantes con mi abuela, motivo por el cual tomó la decisión de irse de casa, cuando tenía apenas diecinueve años. Y nunca regresó a vivir con mi abuela. Esta anécdota era algo que mi madre siempre hacía hincapié cuando conversaba con nosotros, sus hijos, sobre el hecho que ella tuvo que salir de casa y salir adelante con un bebe, de modo que nosotros en mejores circunstancias, podríamos salir adelante. El sentido de responsabilidad de mi mamá, estuvo siempre marcado desde su juventud, y le acompañó a lo largo de su vida.

Ya cuando mi hermana estaba en la adolescencia, iba de visita a casa de mi abuela, pero siempre había discusiones porque mi abuela quería que mi hermana se quedara en su casa, dado que, según ella, estaría mejor con ellos. Mi bisabuela siempre fue la voz de la razón, y decía que los hijos están mejor con sus padres, sin importar las penurias que pudieran estar pasando, que antes bien, de ser ese el caso, pudieran tenderle la mano a mi mamá, si es que lo necesitase. La realidad es que si bien, mi madre en aquellos años no tenía muchos lujos, a mis hermanos no les hacía falta nada. Mi mamá entonces, entre la espada y la pared, porque, por un lado, quería estar con su hija, pero también quería ser una hija respetuosa de los deseos de su madre.

En otra noche, nos cuenta como eran las navidades en casa de mi bisabuela cuando era pequeña. Dice que el veinticuatro de diciembre, era que empezaban a hacer todo. La casa era un completo caos, por un lado, mi abuela cosiendo las cortinas, mi bisabuela cocinando, los hermanos de mi mamá terminando de limpiar y pintar, para luego colocar el árbol. El tío de mi mamá que trabajaba en la zona del canal, traía un pavo grande para navidad. El menú navideño variaba cada ano: iba desde arroz con cabeza de puerco, otras veces arroz con coco con guando, arroz con pollo, y jamón. La ensalada de papa con pollo, también llevaba manzanas verdes, aceitunas y guisantes con zanahoria. Al final, el veinticinco de diciembre, estaba toda la casa impecable, nacimiento y árbol listos, y comida en la mesa. Esta anécdota si no la cuenta con mucha nostalgia, ya que era un estrés muy grande. Esto hizo que mi mamá en su edad adulta, planeara meticulosamente cada detalle para navidad, pues es su época favorita del ano. La decoración de la casa empezaba a más tardar los días cuatro o cinco de diciembre, y para el quince de diciembre, ya el nacimiento debería estar puesto, junto con el árbol y los adornos. Decorábamos la casa durante la madrugada, y preparaba chocolate caliente, y poco antes de las cinco de la mañana, del último día de decoración, se hacia el encendido formal de todas las luces. De modo que, el veinticuatro de diciembre, pudiera enfocarse en la cena desde temprano en la mañana, y a más tardar las cuatro o cinco de la tarde, ya estaba todo listo.

A pesar del jubilo que siento al recordar esto, lo cierto es que hoy día no tomo chocolate caliente, y lo detesto, pues me trae recuerdos de mi infancia, recuerdos felices con mi mamá, recuerdos que ya no hemos podido volver a remembrar, por estar ensimismado en el trabajo y otras cosas menos importantes. Le digo a mi mamá que, para esta navidad, vamos a decorar en la madrugada y volver preparar ese chocolate caliente mientras decoramos. Mi mamá me dice que ni sabe si estará viva de aquí a allá, y yo le respondo que no esté diciendo esas cosas, que, con mucha fe, para entonces ya se sentirá mejor.

Capítulo 15

Jueves 13 de abril de 2023. Tenemos cita con oncología médica. Mi madre, con la firme convicción de hablar con el doctor, le dirá que no desea otro ciclo de quimioterapia, pues la ponen mal y no siente mejoría alguna. La noche anterior, mi hermana trajo unos vestidos nuevos para las próximas citas. Ya habíamos armado la silla/andadera que usara de ahora en adelante, dado que muchas veces en el hospital no hay sillas de rueda disponibles.

Madrugar los jueves ya se ha vuelto la diatriba en nuestras vidas, a tal punto que ya no es necesario colocar la alarma. Mi hermana se queda en casa, mientras mi sobrino y yo iremos con mi mamá a la cita. La logística es la siguiente: primero registrar llegada en la computadora de afuera, para luego ir al laboratorio para los exámenes, ya que el oncólogo siempre revisa los exámenes durante la cita.

La fila en el área de laboratorio es larga, pero avanza bastante rápido. Llegamos a las cinco y cuarenta de la mañana, y ya para las siete y quince, le habían sacado la muestra de sangre. Luego del laboratorio, llegamos al área de los consultorios, para esperar a que nos llamen. La teoría indica que las consultas deben empezar a las siete de la mañana, sin embargo, va a depender de la hora de llegada del galeno, y que tan rápido atienda. Estamos preparados para que nos llamen tipo once de la mañana o doce del mediodía. Mientras tanto, conversamos con mi mamá para que no se impaciente, lo cual no surte efecto.

— ¿A qué hora me van a llamar?, esto es horrible —dice mi madre.

—Esto esta llenísimo de gente, escuché al auxiliar decir que el doctor no ha llegado aún.

—Mira la hora que es, eso es una irresponsabilidad.

—Si, pero al menos sabe que el doctor llegará. La vez pasada que vinimos, recuerde la gente que se fue molesta porque la doctora no vino. Había gente que vino desde el interior del país.

—La verdad que sí.

Las horas siguen pasando, y no es sino hasta pasadas las diez de la mañana que llaman al primer paciente del oncólogo de mi mamá.

—Bueno, ya empezaron a llamar a la gente.

—Gracias a Dios.

— ¿Tiene sed?

—Un poco, pero no quiero tomar mucha agua porque después me da ganas de orinar.

—Insisto en que debería usar el panal, al menos cuando salimos.

—No voy a usar ningún panal. No insistas con eso.

—Bueno, está bien. Pero igual debe mantenerse hidratada. Si tiene ganas de ir al baño, solo avise.

—Pregúntale a Alex si tiene hambre.

—Voy.

Me acerco donde mi sobrino para preguntarle si tiene hambre. Me dice que no. Le digo que cualquier cosa, me avise. Nos mantenemos a la espera del llamado del médico. Sigue pasando el tiempo, y a mi mamá le dan ganas de ir al baño.

—Bien, yo la llevo al baño y Alex que se quede aquí. No sea que estando en el baño la llamen.

—Está bien.

Procedemos a ir al baño, pero la fila es larga. Y el baño que está cerca del área de consulta está bastante sucio y no hay espacio para la silla de ruedas.

—Mejor vamos al del área de corta estancia. Ese siempre está más limpio y es más grande.

Procedo a llevar a mi mamá al baño. Una vez en el lugar, le ayudo para que pueda orinar, y luego regresamos al área de consulta.

— ¿Llamaron a abuela? —le pregunto a Alex.

—No, no la llamaron.

—Bien.

—Mamá, ¿quiere algo de comer? —pregunto.

—No, pero quiero como una *ginger ale* bien fría.

—Está bien, iré a la maquina a buscarla.

—Ya me estoy desesperando y me quiero ir.

—No se preocupe abuela, que ya pronto la van a llamar. —dice Alex.

Son más de la una de la tarde, y nada que la llaman. La sala de espera del consultorio está casi vacía, después que estaba llenísima cuando llegamos.

—Nuevamente me van a dejar de ultima. —dice mi mamá molesta.

—Iré a preguntarle a la auxiliar. —respondo.

La auxiliar me dice que no me preocupe, que ya dentro de cinco o diez minutos nos van a llamar. Le informo a mi mamá lo que me dijo la auxiliar, para que este un poco más tranquila. Pasados diez minutos, finalmente nos llaman. Entramos al consultorio del doctor.

—Buenas tardes señora Maria, ¿Cómo se ha sentido? —pregunta el doctor.

—Ay doctor, los dolores a veces son intensos. Pero ahí voy.

— ¿Qué tal el último ciclo de quimioterapia? Fue la última semana de marzo.

—Horrible doctor, me sentí muy mal, y la verdad no siento mejoría alguna. Ya no quiero volver a pasar por eso. Los malestares eran peor que la enfermedad.

—Bueno, la quimio no le va a curar el cáncer ni nada de eso. Se supone que se sentirá un poco mal, pero después de unos tres o cuatro días, debería sentirse mejor, y por lo que veo no es el caso. Creo que es momento de parar.

—Si doctor, estoy de acuerdo.

—Ahora bien, debemos entender que la enfermedad va a seguir avanzando, dado que ya no recibirá más quimioterapia.

Mi mamá no dice nada, solo se queda en silencio.

—Veo que en la unidad de cuidados paliativos ya la conocen.

—Si.

—Le daré este cupo, pero sin fecha. En caso tal de que ellos la refieran a oncología médica nuevamente, solo tendrán que sacar la cita. Le acabo de enviar también algunos medicamentos, para que por favor vayan a la farmacia a retirarlos.

—Está bien, doctor, muchas gracias —respondo yo.

El doctor toma las dos manos de mi mamá, y la mira fijamente a los ojos.

—Mucha suerte, señora Maria.

—Gracias doctor, que Dios lo bendiga.

Y eso fue todo, entendí que no habría más citas con oncología médica. Y mi mamá también lo entendió y lo aceptó. No sé cómo habrá sido ese proceso, pero lo que si se es que no ha de haber sido fácil. El temor a una muerte inminente, y al mismo tiempo, abrazar con intensidad alguna esperanza de cura, la cual no será ya con la medicina moderna.

—La farmacia está llena, mejor váyanse ustedes a casa, y yo me quedo acá a sacar los medicamentos. Igual, cuando salgo de aquí, voy para el trabajo, y después a casa. —le digo a mi mamá y a mi sobrino.

—Está bien, me responde Alex.

—Me avisan cuando llegan a casa.

Mi mamá y Alex se van. Yo me quedo en la farmacia esperando los medicamentos. No puedo dejar de pensar, en que nuevamente estamos donde empezamos, sin un rumbo y sin algo tangible a lo que aferrarse. Después de más de una hora de espera, me entregan los medicamentos. Me voy a la oficina a continuar con mi turno. Aun cuando siento como si me estuvieran taladrando la cabeza, trato de enfocarme en algunos pendientes, no sé si hayamos tomado la decisión correcta al rechazar la quimioterapia, si bien la oración y la fe es importante, siento que necesitamos algo tangible en lo que aferrarnos.

Han sido cuatro meses que se han sentido como cuatro años, y siento que ha sido mucho lo vivido, y a pesar de ello, no puedo evitar sentir que falta más, que falta mucho más por hacer, y mucho más por vivir. Hemos vivido un día a la vez, muchas veces a la expectativa de no saber qué va a deparar el día siguiente, quiero creer y mantener la fe, no obstante, siento como si la vida me diera golpe tras golpe, y aun estando contra las cuerdas, me sigue golpeando.

Al llegar a casa, coloco los medicamentos junto con los demás. Me quedo conversando con mi mamá y mi hermana. Mientras como algo, esperando el día de mañana, a ver que situaciones nos traerá.

Capítulo 16

—Mamá, ya pagaron la quince y el décimo tercer mes. Iré a comprar algunas cosas.

—Por favor trae un filtro para la cafetera, que está muy viejo y hay que cambiarlo.

—No toma café desde hace cuatro meses, ¿para qué me va a hacer gastar en eso?

—Yo te doy el dinero, eso cuesta como cinco dólares. —me dice.

—Pero no es necesario.

—Estoy cansada de ver esa cafetera con ese filtro —insiste.

—Está bien, lo voy a comprar. Y no se preocupe, yo lo pongo. Igual aprovecho y vere si hay de los sujetadores para el baño, cosa que cuando está tomando la ducha, tenga los tubos de metal para agarrarse.

—Está bien, vaya con Dios —me dice.

Voy al supermercado a comprar unas cosas, y luego voy a un almacén especializado en cosas para el hogar, para conseguir el filtro de la cafetera. Estando ahí, aprovecho para comprar una escoba nueva y un trapeador. Veo los tubos metálicos que sirve de agarradero para el baño. Le envío unas fotos a mi mamá.

—Recuerda usar mis puntos. —me responde por mensaje de texto.

— ¿para qué si ahora mismo no los podrá canjear?

—Tú no sabes, esos puntos me ayudaron a comprar las almohadas, y otras cosas en diciembre.

—Está bien, daré su número de cedula para acumular los puntos.

Cuando voy a la caja, me preguntan si estoy afiliado al programa de lealtad. Doy la cedula de mi mamá. Tiene poco más de nueve dólares acumulados en puntos. Me pongo a pensar que quizás nunca pueda canjear esos puntos, pero como ella misma dice, uno nunca sabe. La cajera termina de pasar por el escáner la mercancía, me cobra y voy rumbo a casa. La caminata me toma si acaso diez minutos.

—Hola, ya llegué —saludo

Mi mamá está sentada en la sala.

—Llegaste.

—Si, ¿y eso que está sentada en la sala? —pregunto sonriendo.

—Nada, quería coger algo de fresco y ver por el balcón.

—Bueno. —respondo mientras voy guardando las cosas.

—Estas contento, me recuerdas a tu papa que siempre se ponía contento cuando salía a comprar y podía traer todo.

Yo no respondo nada, y procedo a colocarle el filtro de café nuevo a la cafetera.

—Ya está listo, mire el nuevo filtro para la cafetera. —le digo.

—Gracias, muy amable.

—Por cierto, eso no costó cinco dólares, estaba en casi ocho dólares.

— ¿Te acordaste de acumular mis puntos? —me pregunta.

—Si, di su número de cedula. Tiene nueve dólares con cuarenta y ocho centavos en canje acumulado.

—Oh, que bien. —responde emocionada.

—Voy a cambiarme, para ponerme a acomodar la habitación, aprovechando el día libre.

No me responde. Es sábado al mediodía. Ella se queda sentada en la sala, contemplando la vista desde el balcón, como es medio día, el ruido de la construcción de la nueva torre del complejo se ha detenido. Los sábados solo trabajan hasta el mediodía, los días de semana, están trabajando hasta las cuatro de la tarde. A pesar de los fuertes rayos del salón, la brisa hace gala de toda su fuerza e intensidad.

— ¿Cómo se siente?

—Bien.

¿Tiene dolor?

—No, estoy bien.

—Ya casi es la hora del almuerzo. Tomará el batido.

—Está bien.

Mas tarde en la noche, estamos todos sentados en la sala conversando. Mi mamá luce optimista, dice que ha estado viendo algunos remedios naturales en Instagram para el cáncer. Y que, con los sonidos biaurales, confía en que se sentirá mejor.

—Todo eso está bien mamá, pero ahora que dejo la quimioterapia, ¿Cuál es el plan? —pregunta mi hermana.

—Si, porque necesitamos saber cuál es el siguiente paso dentro del proceso.

—Este es el siguiente paso. Ya yo no quiero más quimioterapia. Voy a ver estos remedios naturales que dicen que son muy buenos.

—Mamá, el oncólogo dijo que la enfermedad va a seguir avanzando. Yo pienso que debió mantenerse con la quimioterapia. Al menos con eso, teníamos una esperanza - le digo.

—No viste que el mismo doctor me la quito.

—Si, pero porque usted le dijo que no le estaba ayudando.

—Ustedes no están en mi cuerpo, ni saben lo que es vivir con esta enfermedad —alza la voz mi mamá.

—Queremos que se sienta mejor, necesita atención médica.

—Yo necesito que me dejen en paz.

—Pero algo tenemos que hacer.

—No hay que hacer nada, si igual me voy a morir. Ya basta. —grita mi madre encolerizada.

Empieza entonces con toda una letanía de reclamos e insultos, dado que nosotros no comprendemos su situación ni sus malestares.

—Bueno, pero las decisiones que está tomando, directamente afectan a otros. El no continuar con la quimio, supone un reto no solo para usted misma, sino para todos nosotros.

—Bueno, anda ve y ponte tu esa cochina quimio
-

—No soy yo quien tiene el cáncer.

Mi madre continua con todo el discurso sobre su enfermedad. Dado que la discusión no nos va a llevar a ningún lado, decido simplemente callar. Mi hermana, es quien le está respondiendo a algunos de sus planteamientos, no obstante, le digo que siga mi ejemplo y mantenga silencio. Una vez que mi madre tiene una idea en su cabeza, no hay poder humano que la haga entrar en razón. Lo que duele, es que al final solo queremos lo mejor para ella, y que se sienta cómoda. Todo este proceso y los cambios constantes, han terminado consumiendo nuestro ahínco.

Me acuesto en la cama, mientras mi mamá sigue sentada en la sala discutiendo. Mi hermana enciende su computadora y se pone a ver algunas cosas del trabajo. Mi sobrino acompaña a mi mamá. Cansado como si hubiese pegado una línea de doscientos bloques bajo un sol incesante, me quedo dormido, con la luz encendida, y la puerta y ventana de la habitación abiertas. A lo largo de estos cuatro meses, nunca me había sentido tan cansado física y mentalmente.

Al cabo de algunas horas, siento que algo o alguien toca mi frente, y me levanto asustando, es mi mamá esta frente a mí. Con su pijama rosado, sus pantuflas y un rosario en la mano. Me estaba dando la bendición. El corazón me late muy aprisa producto del susto.

– ¿Está bien? ¿Qué le pasó? –pregunto.

–No, nada. –responde.

– ¿Está segura? ¿Qué hace despierta? ¿Cómo llegó hasta aquí sin ayuda? –pregunto, ya que, al parecer, tanto mi hermana como mi sobrino están dormidos.

–Tenía sed y como no quería molestar a nadie, me pare y agarrándome de las paredes, llegué hasta la cocina, y logré abrir la nevera. Ya venía de regreso.

–Pero usted tiene botellas de agua en la habitación.

–Si, pero ya estaban calientes. La quería fría.

—Bueno, venga que la voy acompañar hasta su cama.

—Vamos.

Una vez en la habitación, acomodo las almohadas, para que pueda recostarse. Le subo los pies con las otras almohadas más pequeñas, para que pueda mantenerlos elevados, y así baje la hinchazón producto de la retención de líquidos.

—No apagues la lampara. Solo tírale un trapo encima para que se vea más oscuro.

— ¿Está segura? Esa luz debe molestar para dormir.

—No, para nada. Así está bien. Cierra la ventana por favor —me dice.

— ¿Y no le va a dar calor?

—Enciende el abanico.

—Está bien.

Procedo a encender el abanico y a arroparla con las sábanas. Le dejo unas botellas de agua que están congeladas, de modo que puedan durar más tiempo frías, mientras se descongela a temperatura ambiente. A pesar de disponer de una hielera portátil, mi mamá prefiere estas botellas de agua, dado que son pequeñas y más fáciles de manipular para ella.

Capítulo 17

Al día siguiente, mientras me alisto para ir a trabajar, veo varias llamadas perdidas del número de mi mamá. Yo tenía el celular en silencio. Me aproximo a su recamara, dado que usualmente cuando siente que nadie la escucha, llama por teléfono o envía mensajes de texto.

—Dígame. -

—Necesito una dosis de rescate, estoy con dolor. —me dice.

—Está bien, voy a prepararla.

Me coloco los guantes y preparo la dosis de rescate de morfina. Se la aplico.

—Ya me voy a trabajar. Se me hace tarde.

Nos despedimos. Y me voy al trabajo.

Durante el día, me escribe mi hermana para decirme que mi mamá sigue con dolor y que está hablando toda clase de cosas sin sentido. Increpo sobre la gravedad y si es necesario ir al hospital.

Al llegar a casa, mi hermana me cuenta que todo el día, la pasó muy mal. Voy a la recamara para hablar con ella.

— ¿Cómo se siente? —pregunto.

—No, déjenme tranquila. ¿Dónde está mi amiguito?

— ¿De qué amiguito habla?

No me responde.

— ¿Tiene dolor?

—Si, pero yo no quiero que me puyen.

—Abuela, aquí estoy —le dice Alex.

Todo el día ha estado así, que no reconoce a nadie. Dice que es una niña y que la dejen jugar tranquila. Al rato se empieza a quejar del dolor, pero no quiere que la inyecten. Tampoco ha querido comer nada, ni siquiera los batidos. Solo ha pedido hielo. Al cabo de unas horas, finalmente se duerme. Nos quedamos pendientes por si algo se necesita.

A la mañana siguiente, despierta aquejada por el intenso dolor.

—Auxilio, ayúdenme por favor ¡socorro! —grita.

— ¿Qué le ocurrió?

—Me duele mucho.

—Bueno, voy a colocarle uno de los parches de fentanilo. Eso debe ayudarle.

Sigue gritando desconsoladamente. Empieza a llorar. Mi sobrino y mi hermana están presentes. Son casi las siete de la mañana. Es 18 de abril de 2023.

— ¡Traigan a un padre! ¡Traigan a un padre! Yo quiero hablar con un padre. —dice repetidamente mientras grita del dolor.

—Si, no se preocupe mamá, traeremos a un padre.

Procedo a colocarle el parche de fentanilo. Al cabo de unos minutos, deja de gritar.

– ¿Ya está un poco más tranquila?

– ¿Quién eres tú? –me dice.

–Soy Joel.

No me reconoce. Luce más serena después de colocado el parche. Se me hace tarde para ir a trabajar. Le digo a mi hermana que hare las diligencias para conseguir a un padre que pueda ir a casa, es momento de darle la extremaunción. Aun cuando el temor es latente, recordé que a mi abuela le dieron la extrema unción en dos ocasiones. Quiero complacer a mi mamá, ya que es algo que pidió en un momento de lucidez.

Al llegar al trabajo, le cuento a mi jefa lo que pasa y que mi mamá quiere un sacerdote, que pueda ir a la casa.

–Déjame preguntarle a mi mamá, que en la iglesia de ella seguro conseguimos –me dice mi jefa.

Al cabo de unos minutos, recibo una llamada telefónica.

—Hola, buenas tardes —respondo.

—Hola, soy el padre… —me dieron su número por una señora que está enferma…

—Si, es mi mamá. Ella tiene un cáncer bastante avanzado, y no se ha sentido bien en estos últimos dos días. En un lapso de lucidez, nos pidió que consiguiéramos un padre que pudiera ir, para darle la extremaunción.

—No se preocupe, bríndeme la dirección. Yo puedo ir en un rato.

—Muchas gracias, padre.

Le envío la ubicación por WhatsApp. Le escribo a mi hermana para decirle que, gracias a mi jefa y su madre, pudimos conseguir el padre que fuese a la casa. En el tiempo indicado, el padre llegó a la casa, me cuenta mi hermana que se encerró con mi mamá en su recamara, y estuvieron conversando por espacio de una hora. Luego tomó agua del grifo, llenó una botella y la bendijo. Terminado el ritual, el sacerdote se retiró.

—No sé de qué hablaron, pero estuvo toda la distancia bastante tranquila. —me dice mi hermana.

—Ojalá ya mañana amanezca mejor. Estos últimos días han sido sumamente difíciles.

—Y eso que no estás aquí. Esto ha sido toda una situación —me dice mi hermana.

Todo es tan surreal en este momento, me parece que fue ayer que estábamos en diciembre, y mi mamá estaba preparando todo para la cena de navidad, que se fue hasta el centro comercial a comprarme una camina y unos zapatos para la fiesta de navidad de la empresa, que era de temática hawaiana. Estoy tan acostumbrado a ver a mi mamá siempre fuerte y resolviendo todo, que resulta inverosímil verla en este estado. Ahora mismo está dormida en su recamara. Mi hermana aprovecha para avanzar algunos pendientes de su trabajo, mientras mi sobrino está sentado mirando el celular. Yo estoy recostado en la cama, viendo algunas publicaciones en redes sociales; veo una publicación de un compañero de trabajo, acaba de casarse y colocó un video de toda la preparación del evento, y muchas fotos. Al ver esta publicación, caí en cuenta de algo, algo que resulta ser verdaderamente devastador para mí, y es el hecho que el día que me case, mi mamá no va a estar conmigo, el día que tenga mi primer hijo, mi mamá no va a estar conmigo. Quiero más que nada en esta vida que todo esto es una pesadilla, que voy a despertar y que mi mamá estará buena y sana como siempre, la rabia e impotencia se apoderan de mí, dado que, a la fuerza, me toca aceptar un destino del cual ni siquiera siento que sea responsable.

Nuevamente, siento que ya no puedo más. Y lloro, más que de la tristeza, de la rabia porque quizás por un simple examen a tiempo, no estaríamos en esta situación, tal vez si hubiésemos ido al hospital de cáncer en octubre y no buscar otras opiniones, dejando que el tiempo pasara, no estaríamos en esta situación. Trato de entender el temor y la incertidumbre que pudo haber sentido mi madre en ese momento, más ahora que estamos en este escenario, es imposible no sentirme culpable, casi responsable por lo que pasa. Ensimismado en mis pensamientos, me quedo dormido.

A la mañana siguiente, mi mamá se despierta gritando que tiene dolor nuevamente. Quiere que le coloquen otro parche de fentanilo. La instrucción de la doctora es que los parches se colocan cada setenta y dos horas, este tiene apenas veinticuatro horas. Se pone bastante violenta, indicando que quiere su otro parche, que como somos capaces de verla padecer y no hacer nada. Le digo que puedo ponerle una dosis de rescate de morfina, sin embargo, la rechaza, ya que no quiere agujas. Sigue gritando y quejándose del dolor. Luego de varios minutos de discusión, finalmente accede a colocarse la dosis de rescate de morfina. Luego de algunos minutos, se queda tranquila. Aprovecho para terminar de alistarme para ir a trabajar.

Salgo para el trabajo, únicamente a modo de escapatoria de lo que vivo en casa…

Capítulo 18

—Ya lleva tres días así. Tenemos que hacer algo —dice mi hermana, justo cuando vengo llegando a casa del trabajo.

—Si, pero ¿qué podemos hacer? No es la primera vez que tiene esta crisis. —respondo.

—Vamos a tener que ir al hospital para ver.

—Yo digo que, si mañana amanece igual, la llevemos al hospital. Es de noche, y por lo menos ahora la veo un poco más tranquila.

—Está bien.

Son las ocho de la noche. Solo se escucha el ruido del abanico. Mi mamá está un poco más tranquila, pero aún sigue total y completamente alejada de la realidad. Suena el intercomunicador.

—Buenas noches —respondo.

—Tiene visita —dice el guardia de seguridad.

—Si, dígale que pase.

Se trata de la abuela Carmen, a quien mi madre ha considerado siempre como una madre, en compañía de su hija Amarilis. A pesar de que no corra la misma sangre por nuestras venas, tanto a ella como a sus hijos, nietos y bisnietos, los consideramos parte de nuestra familia. Bajo hasta la recepción del edificio para abrirles la puerta, y para contarles lo que ha pasado estos días. La abuela Carmen viene a pasar la noche con nosotros, y así poder compartir con mi mamá.

—Mire quien vino a verla —le digo a mi mamá.

Acto seguido, en un breve momento de lucidez, mi madre se emociona.

— ¡Madre! —responde mi mamá mientras extiende los brazos para abrazar a la abuela Carmen, producto de la emoción. Empieza a llorar.

—Aquí estoy hija mía, finalmente —responde la abuela Carmen.

Empiezan a conversar; mientras mi hermana, Amarilis y yo estamos conversando en la sala. Hacia bastante tiempo que no habían tenido la oportunidad de reunirse en persona. En la habitación, la abuela Carmen ora por la salud de mi madre.

Al cabo de algunas horas, el sueño empieza a vencernos, mas no queremos estar lejos de mamá. Aun pienso en que debo trabajar al día siguiente, y en que debo estar en la oficina a más tardar las nueve de la mañana, y al mismo tiempo, tampoco dejo de pensar en el estado de mi mamá. También rezo porque al día siguiente amanezca mejor, de lo contrario, debemos ir al hospital. En este punto, no sabemos que esperar ni hacia donde ir, solo sé que quedarnos de brazos cruzados no debe ser una opción.

Es casi media noche, y mi mamá se queja de dolor. Dice cosas que no tienen mucho sentido, lo poco que se le entiende, es que quiere hielo o agua fría. La mirada está totalmente perdida. El parche de fentanilo colocado parece no estarle surtiendo efecto. No sé si colocarle una dosis rescate de morfina, dado que nos indicaron que debíamos ser cuidadosos una vez colocado el parche, y del mismo modo evitar otro episodio como el del día anterior.

Finalmente, a la media noche, el sueño me está venciendo. Voy a recostarme a la cama, no obstante, mi hermana me pide que este despierto ya que no sabemos si la abuela Carmen o mi mamá pudieran necesitar algo. Hago el esfuerzo por mantenerme despierto, a pesar del dolor de cabeza que empieza a aquejarme.

—Vete a dormir mejor —me dice la abuela Carmen.

—No, no puedo. No sé si pudieran necesitar algo. Prefiero estar alerta.

—No te preocupes papa, mañana tienes que ir a trabajar —me dice.

Sin mediar mayor palabra, voy a mi habitación y me acuesto en la cama. En la otra habitación yacen mi hermana y mi sobrino. También cansados. Dejo tanto la puerta de la habitación como la ventana abierta. No hago ni bien colocar la cabeza sobre la almohada, cuando caigo profundamente dormido. Al cabo de unos minutos, en medio del sueño que me está consumiendo, veo todo en color grisáceo, el cielo totalmente blanco. Yo estoy de pie, vestido con una camisa manga larga, un pantalón jeans azul y unos zapatos, en medio del desierto. Empiezo a caminar, el día esta parcialmente nublado, y una fuerte brisa me abraza. No hay ni una sola alma en el área. Sigo caminando, y mirando hacia todas partes por si veo a alguien, es entonces cuando en diviso en la cima de una colina a dos personas. No las alcanzo a ver muy bien, así que me acerco. Una vez cerca, veo que son mi madre y la abuela Carmen. Mi mamá está de pie, mientras la abuela Carmen está sentada en el sillón. Mi madre trae puesta un pijama blanco, con encaje, y sus pantuflas. Tiene los ojos abiertos, pero las pupilas no son visibles, solo la parte blanca.

— ¡Mamá! ¿Qué hacen aquí? —pregunto mientras trato de acercarme más hacia la colina.

No me responden.

— ¡Abuela Carmen! ¿Cómo llegaron hasta aquí? Hace un momento estaban en la habitación.

No me responden.

A medida que me voy acercando, la corriente de aire se hace más intensa y más fría, y una densa neblina empieza a invadir el perímetro.

— ¡Mamá! —grito mientras empiezo a correr a medida que me voy acercando.

Justo al llegar donde ambas están, me dispongo a abrazar a mi mamá, y como por arte de magia, empieza a convertirse en un polvillo negro y blanco. La brisa se hace más fuerte, la cual me tumba al suelo, y el polvo de va por el camino.

— ¡Mamá! ¿Dónde está? —empiezo a gritar nuevamente.

La abuela Carmen se levanta de la silla, y se mantiene mirando hacia el horizonte, tampoco se le ven las pupilas en los ojos, solo la parte blanca. No articula palabra alguna. Despierto del sueño asustado, y veo que estoy en mi habitación acostado, los rayos del sol de la mañana casi en su punto. Tomo el celular rápidamente, y veo que son las seis y media de la mañana. Me asomo a la habitación de mi mamá, y la veo acostada en su cama, y a la abuela Carmen en la silla reclinable junto a la cama. Ambas durmiendo. Me acerco un poco más, como siempre hago para verificar que este respirando. Todo está en orden.

Entro al baño para tomar una ducha y empezar a vestirme. Mientras tanto, mi mamá se despierta y se queja del dolor. Exige que le coloquen otro parche de fentanilo o más morfina. Eso no es posible. Mi hermana ya está despierta. Desorientada, mi madre mira para todos lados y se queja del dolor. Luego de conversar entre nosotros, mi hermana y yo decidimos que lo mejor es llamar a la ambulancia e ir al hospital.

—Si, es lo mejor. Avisare en el trabajo. —le digo.

—Oye, hay que ofrecerle algo de desayuno y un café a la abuela Carmen.

—Si, claro. Solo que hay que ir a buscarlo.

MI hermana entonces empieza a hacer las llamadas, para lograr que los paramédicos de un servicio de emergencia privado vengan a trasladar a mi mamá. Esto, a fin de evitar la mala experiencia que tuvimos en el pasado llamando al 911. Lo importante es resolver y hacer que mi mamá reciba atención medica inmediata.

Yo estoy en la sala, esperando a que lleguen los paramédicos, mientras termino de cuadrar algunos pendientes del trabajo en el celular.

Capítulo 19

20 de abril de 2023. Luego de haber pasado una noche muy mala. Donde nada de lo que decía tenía sentido, llamamos a la ambulancia. La distención en el abdomen era ya muy alta. Tenía los pies completamente hinchados y ya no se podía siquiera levantar de la cama. Los últimos días recibió solo baños de cama.

Al llegar los paramédicos, se les explica la situación, con lo cual deciden llamar al área de corta estancia del hospital de cáncer, para ver si de alguna manera podían hacerle la paracentesis que estaba necesitando. Durante todo el camino, se la pasa gritando del dolor, y que quiere agua fría o hielo. Que le parecía absurdo que la tuvieran padeciendo de esa manera. No podíamos detenernos en el camino a buscar hielo, y ahora en mi mente solo me recrimino por no haber pensado en eso antes de salir de casa. No había necesidad alguna de tal privación, lo menos que hubiese podido hacer, era complacerle con el hielo. No había comido nada en días, ni siquiera los batidos proteínicos que se le preparaba.

No comía comida solida desde mediados de enero.

Al llegar al hospital, procedo a registrar el ingreso en las computadoras de afuera, mientras los paramédicos terminan de coordinar algunos temas con la doctora en turno. Entre tanto, empieza a gritar.

—Me quieren matar. En este lugar me quieren matar. Y ni siquiera me dieron agua para tomar o hielo. Tengo calor. —Grita incesantemente.

Mientras busco una botella de agua de la máquina expendedora, continúan los gritos e insultos hacia todo el personal médico.

Al regresar, abro la botella de agua e intento dársela. Me la tira encima.

—No esta fría, te dije que quería hielo. Consigue hielo.

—Intenté preguntar por todos lados, pero no logro conseguir hielo por ningún lado. Y no me puedo ir y dejarla sola, mamá— respondo.

—No me interesa.

El único lugar donde había máquinas de hielo era en las salas donde estaban los pacientes hospitalizados, cuyo acceso estaba prohibido por restricciones de salud. Los hospitales aun mantenían las mismas restricciones por el Covid19, incluyendo el uso obligatorio de mascarilla.

—Señora, vamos a hacerle unas preguntas. —dice la doctora.

No responde.

— ¿Qué día es hoy? - pregunta la doctora.

—Ay no se

— ¿Sabe por qué esta aquí?

—Estoy enferma.

— ¿Sabe quién es el presidente de Panama? —pregunta ahora la doctora.

Entre susurros, trato de ayudarla a responder.

—Por favor, deje que ella responda. —dice la doctora.

Ella no responde. Su mirada luce desorientada. En blanco.

La doctora está acompañada por un estudiante de medicina. Ella entonces le dice al estudiante que mire fijamente los ojos de mi mamá, le pregunta si sabe que significa. El muchacho solo asiente la cabeza, mas no dice nada.

— ¿Con quién vino usted hoy? — pregunta la doctora.

—Con mi hijo y mi nieto— responde.

—Mi sobrino no está aquí —le respondo a la doctora.

—Bien, veo que no está alerta. Vamos a prepararla para realizar la paracentesis. Quizás con la extracción del exceso de líquido en el abdomen, se sienta mejor. —indica la doctora.

—Está bien, muchas gracias —respondo.

Nuevamente empiezan los gritos. Indicando que tiene dolor. Es entonces, cuando viene la auxiliar de enfermería a administrarle un medicamento. 40 miligramos de morfina.

—Este lugar me quieren matar. Si me llego a morir, tú serás el responsable. Tu eres el responsable de que maten a tu mamá —dice.

Un silencio se apodera de la sala de corta estancia. Continua.

—*No eres más que un mal hijo. Has tenido a tu madre padeciendo todo este tiempo. Siempre estas más pendiente de tu trabajo, y nunca eres capaz de contestar el teléfono. Siempre has sido un perdedor y un mediocre por conformarte con ese trabajo, cuando pudieras estar haciendo otras cosas. Es precisamente por tu culpa que estoy enferma. Yo nunca quise tenerte. Mi vida hubiese sido muy diferente si hubiese tomado otra decisión. Vas a vivir eternamente con la culpa de haberme matado.*

El resto del personal médico solo se miraban los unos a los otros, y no decían nada. Los pacientes en su mundo.

—En un momento la morfina debe hacerle efecto. Y estará más tranquila. —dice la enfermera.

Luego de varios minutos, llega el camillero para ir al segundo piso, donde se llevará a cabo la extracción del líquido del abdomen. Al llegar, el medico encargado del procedimiento procede a insertar el catéter, mientras yo estoy sentado afuera, solo se escuchan gritos de dolor. Luego de unos veinticinco minutos, sale el médico. Indica que el líquido esta por todas partes y no es posible una extracción más profunda. Solo lograron sacarle un litro y medio aproximadamente. En procedimientos anteriores, habían logrado sacar entre cinco y seis litros.

—Por favor que no se levante hasta que le quiten el catéter. Cualquier movimiento brusco, puede ocasionar una hemorragia. —indica el médico.

—Está bien —respondo, mientras vamos de vuelta al área de corta estancia.

Una vez de vuelta en corta estancia. Empieza nuevamente a gritar, que quiere levantarse y estar sentada. Esta posición con el catéter puesto en el abdomen, podía ocasionar una hemorragia, e interrumpir la extracción del líquido que aún estaba en progreso.

— ¿Por qué no me dejan sentarme?, me estoy ahogando—grita incesantemente

—El doctor dijo que no podía levantarse. Voy a ponerle una almohada para que tenga la cabeza en lo alto.

—No, quiero sentarme —responde mientras empieza a golpearme con las pocas fuerzas que le quedan.

Sigue gritando y diciendo que desea sentarse por espacio de una hora y media. Llega el cambio de turno. Siempre que llega el cambio de turno, nos piden a todos los familiares que salgamos del área de corta estancia, de modo que los médicos que van saliendo, vayan cubículo por cubículo, brindando información y actualizaciones de cada caso.

Al regresar, veo que está sentada en la cama, y mirando para todos lados.

– ¿Por qué está sentada? Por favor recuéstese mamá. –le digo.

–No, la doctora acaba de decir que si puedo sentarme. –dice con la voz ahora resquebrajada y los ojos aguados –me pusiste a padecer, me pusiste a padecer –dice ahora mientras empieza a llorar.

–No diga eso, solo estaba siguiendo las instrucciones del otro médico, por favor.

–Me pusiste a padecer –responde por tercera vez, con un claro nudo en la garganta y lágrimas en sus ojos.

Entendí que mi mamá ya se había ido. Que todo lo que quedaba, no era más que materia. Materia compuesta de átomos y moléculas. La miraba fijamente a los ojos, y sabía que ya ella no estaba. Aun cuando mucho leí, y muchos me dijeron que no hiciera caso a sus palabras, pues estaba hablando desde la oscuridad en la que se encontraba, producto del intenso dolor, para mí era imposible no sentir tanta frustración e impotencia. Sentir que no importa que tanto haga o que tanto lo intente, nunca será suficiente.

En mi mente, no hacía más que recordar todas y cada una de las veces que fui negligente, en todas y cada una de las llamadas que rechacé, los mensajes de texto que no respondí, en aquellas tardes en que no quería llegar a casa, buscando escapar de esta nueva realidad que me estaba consumiendo. Y ahora me enfrento a algo que quizás sea inevitable.

—Recibimos los resultados de los exámenes. Tiene la hemoglobina en 10 gramos por decilitro (g/dL), pero el potasio está muy bajo —indica la doctora.

— ¿Qué podemos hacer? —pregunto.

—Bueno, vamos a internarla para monitorear el potasio y ver si sube. Sin embargo, hay que tomar en cuenta que la enfermedad sigue avanzando.

—Entiendo.

Procedo a llamar a mi hermana para explicarle lo que ha pasado, y que vaya preparando la maleta con las cosas.

—Debe tomarse estos otros medicamentos —dice la auxiliar.

—No me los voy a tomar —responde.

—Por favor, tómeselos. Los necesita para sentirme mejor —le digo.

—Está bien, me los voy a tomar. Dámelos —me dice.

Justo cuando tomo el vaso pequeño que contiene el medicamento, una sustancia amarilla cuyo nombre no puedo recordar, toma la mano con la que estoy sosteniendo el vaso, y me lo tira encima.

—No me voy a tomar nada, ustedes me quieren matar. —dice ahora, con voz fuerte y una mirada fija y tétrica. Se procede a arrancar el catéter del abdomen y el del brazo. El resto de los medicamentos que le estaban administrando por vena, empiezan a regarse por todo el piso.

Yo no articulo palabra alguna. Solo saco mi pañuelo y me dispongo a limpiarme de aquella sustancia amarilla y pegajosa. Me aproximo al área de enfermería, donde reporto lo sucedido. Las enfermeras me indican que lo deje así, pues le avisaran a la doctora.

—Señora Maria Eugenia, si sigue tirando los medicamentos, vamos a tener que amarrarla. De verdad que no queremos hacer eso, pero se está portando mal —le dice la doctora en un tono bastante enérgico.

Ella no articula palabra alguna.

— ¿Se va a quedar tranquila? —pregunta la doctora.

No responde.

La auxiliar recoge los medicamentos, y nuevamente proceden a canalizarla. Esta vez, fue aún más difícil localizar una vena, ya que en este último mes había perdido mucha masa muscular.

—Mandé a que le administraran un sedante más fuerte. —me dice la doctora

En ese momento llega la auxiliar con los documentos de admisión.

—Señora Maria Eugenia, necesitamos que por favor firme los documentos de admisión.

Le entregan el bolígrafo, ni siquiera es capaz de empuñar la mano. A penas logra hacer unas cuantas rayas. Nada comparado con lo prístina que fue su firma alguna vez.

—Tendrá usted que firmar por ella. —me dice la auxiliar.

—Si, yo soy su apoderado —respondo.

Procedo a firmar los documentos, y cuando me dispongo a llevarlos a admisión, la auxiliar me dice que no es necesario, que ella se encarga.

—No deje sola a la señora. Aproveche, cuando suba a la sala, no podrá estar con ella. Ya la hora de visita habrá pasado.

— ¿No me puedo quedar con ella en sala?

—No, por política del hospital solo mujeres se pueden quedar con pacientes mujeres, o bien si fuese el esposo.

—Pero soy su hijo, y no tenemos a nadie que se pueda quedar. Mi hermana está trabajando y no le pueden dar permiso hoy mismo, necesita tramitarlo.

—Es la norma —me dice mientras se aleja.

Capítulo 20

Llega el camillero con la instrucción de subir a mi mamá a la sala. Me dice que, por ahora, puedo acompañarlos, ya que justamente estamos en hora de visita, pero solo quedan escasos veinte minutos.

—Si, así puedo ver el número del cuarto y la cama —le digo.

Vamos a tomar el ascensor, cuando intento tomar la mano de mi mamá, ella me la quita. Una vez en la sala, vamos hacia el cuarto que le han asignado. En esta sala, los cuartos son semiprivados, hay dos camas en un solo cuarto, y tienen el baño adentro. A diferencia del cuarto que le había tocado anteriormente, este si tiene vista de la ciudad, se puede ver el mar, los rascacielos y la cinta costera.

Mi mamá se ha quedado dormida. Aprovecho para acomodar sus cosas, como todo fue de apuro, solo trajimos una maleta con lo esencial, las sábanas, colchas y una almohada. Mi mamá siempre decía que en la noche le daba frio, así que resolvimos traerle tanto sabanas como sus colchas.

Se acaba la hora de la visita, y el guardia de seguridad pasa cuarto por cuarto para para validar que todos los visitantes se hayan retirado. Me voy a casa, con un sabor a derrota, pero con la esperanza de que al menos, ya no está gritando del dolor, y que podrán hacer algo para que se sienta un poco mejor. En el camino, el dolor de garganta que tenia se acrecentó, y siento un malestar en el cuerpo. Creo que me voy a resfriar.

Al día siguiente, una amiga de mi mamá desde hace muchos años, me pregunta si puede ir a verla, dado que entiende que solo puede subir una visita por paciente. Si ella sube, ya más nadie podrá ir. Dado los evidentes síntomas de resfriado que tengo, le digo que está bien.

Aun sintiéndome de la patada, voy a trabajar, ya que mi sentido de responsabilidad no me permite estar sin hacer nada, además estando solo encerrado, más allá de no hacerme bien, resulta exasperante. Cuando Andy, la amiga de mi mamá llega al hospital, me escribe para avisar. Me dice que conversó con ella, y la vio despierta. Me envía una foto. Me dice que el cargador que le dejaron no es compatible con el celular, y me da una lista de cosas que hacen falta, de modo que pueda llevárselas al día siguiente.

—Hable con *Chechi* (como le dicen cariñosamente) ahí por encima, pero casi no se le entendía nada. —me dice.

— ¿Qué te dijo?

—Que me iba a pegar, que la dejaran tranquila. Pero en un momento de lucidez, me dijo que quizás había sido muy dura contigo ayer, y que tal vez había herido tus sentimientos. Yo le dije que no se preocupara, que tu entendías que las cosas que haya dicho son producto de la enfermedad.

Yo no articule palabra alguna, porque las palabras de mi madre, no solo calaron profundamente en mi ser, sino que resulta difícil de entender, como la enfermedad le haya hecho decir las cosas que dijo, sino es porque en realidad era lo que estaba en su corazón, y la enfermedad hizo que las exteriorizara.

—Gracias Andy, me asegurare de mañana mismo llevar las cosas. —le escribo por chat.

Al caer la noche, llego a casa y empiezo a preparar todas las cosas que voy a llevar. Conociendo como es mi mamá, es indispensable llevar todo, incluso cosas que se no va a necesitar, pero para ella el solo hecho de no tenerlas, será motivo de discusión en la cual al final, pasé un mal rato, escuché un sermón como de siete horas, y tuve que llevarlo igual.

Como es sábado, y el tráfico usualmente es pesado, lo más sensato es ir desde temprano, aun cuando la visita es a las seis de la tarde, decido llegar al hospital tipo dos de la tarde.

Cuando llego, me siento en las bancas que están afuera. Me pongo a ver una película en el celular, mientras espero. En ese momento, empiezan unos voluntarios de una iglesia evangélica a repartir comida a los familiares que estamos afuera del hospital. Yo no había siquiera almorzado. La comida venia con un pasaje bíblico escrito sobre el plato. Una de las señoras me entrega uno, es un arroz con pollo, ensalada de repollo con zanahoria y plátano maduro frito.

– ¿Cómo esta su familiar? –me pregunta la señora.

–No lo sé, estoy esperando. Es mi mamá, que está muy grave –le digo.

–Vamos a hacer una oración por la salud de su mamá. ¿Cómo se llama? –me dice.

–Claro. –respondo mientras le digo el nombre de mi mamá.

Cerramos los ojos, y ella con biblia en mano, empieza a decir una oración por la salud de mi mamá, que logre superar esta adversidad. También me dan una bolsa que incluye algunos enseres de uso personal: cepillo de dientes, toalla, pasta dental, gel alcoholado y una botella de agua. La verdad me sentí un poco más tranquilo después de esa oración, la ansiedad estaba carcomiéndome por dentro.

Sigo sentado, ahora mucho más tranquilo esperando. Como a eso de las cuatro de la tarde, escucho a un señor que acaba de conversar con el guardia de seguridad, diciendo que hoy no hay visita. Al acercarme a averiguar, veo que, en efecto, las visitas solo son de lunes a viernes, y hoy es sábado. Resignado a que no podré ver a mi madre hoy, le pregunto si pueden al menos subir las cosas. La vez anterior, pude dejar las cosas con el guardia de seguridad y uno de los camilleros se las subió. Le explico al guardia de seguridad que mi mamá fue hospitalizada prácticamente de urgencia, y que no habíamos tenido la oportunidad de traerle todo lo que necesitaría, y que se está quedando sola, hasta que mi hermana pueda conseguir permiso en el trabajo para quedarse internada con ella.

Después de algunos minutos, el guardia me da un marcador, y accede a que deje las cosas para que alguien se las lleve. Me voy a casa, pero esperando a que sea lunes rápido para poder ir a verla y saber cómo esta.

Tanto como la enfermedad en sí, el no tener noticia alguna ni información, es supremamente angustiante, después de estos cuatro meses, los cuales se han sentido como cuatro años, me doy cuenta que todo ha cambiado. Que incluso el proceso que ya había aceptado, junto con su nueva normalidad, ahora nuevamente estaba por cambiar. Y que la palabra clave en este escenario es: resiliencia.

Capítulo 21

Lunes 24 de abril de 2023. Luego de conversar con mi hermana, llegamos al acuerdo que iría yo hoy para llevar unas botellas de agua, y recoger la ropa sucia que haya en el hospital. Ella, mi hermana, ira la visita al día siguiente. Desde que llego al trabajo, no hago sino ansiar con que ya sean las cinco de la tarde para salir, lo cual es extraño viniendo de alguien que usualmente se queda trabajando hasta más allá de las once de la noche.

En retrospectiva, fueron muchas las veces que prioricé el trabajo sobre el poder pasar tiempo con mi madre, y ahora ella está en la cama de un hospital, sedada y sola. Es ahora más que nunca, que debo aprovechar los momentos con ella. La fe es lo único que me puede mantener en pie en este momento, esa esperanza que mi madre abrigaba, que un milagro iba a ocurrir, que el tumor se iba a encoger a tal punto que quizás, pudiera ser viable una cirugía. Aunque el oncólogo siempre fue transparente en decir, que la quimioterapia jamás iba a curarle el cáncer, solo podíamos aspirar a que se sintiera, no mejor sino menos mal de lo que se había estado sintiendo, dado que la enfermedad sigue avanzando.

Le digo a mi jefa que saldré temprano hoy, para poder estar entre los primeros de la fila. Salgo del trabajo a las cuatro y media. Tomo la línea 1 del metro, hacia la estación cinco de mayo. De ahí, camino por toda la plaza cinco de mayo, sigo caminando alrededor del palacio legislativo, hasta llegar a la avenida de los mártires, para luego seguir caminando hacia el hospital. Esta ha sido mi ruta durante los últimos tres meses. Ida y vuelta, incluso en horas de la noche, donde pudiera bien ser víctima del hampa común, aun cuando no tengo nada valioso encima que pudieran robarme.

Llego al hospital, son las cinco y veinte. Me siento en las bancas de afuera a esperar. Toda una vorágine de sentimientos se apodera de mí, la emoción de haber esperado todo un fin de semana, y finalmente poder ver a mamá, pero a la vez la tristeza de saber que está en el hospital nuevamente, junto con la incertidumbre de la situación actual. Tal como conversaba con mi hermana, el tema es que uno necesita aferrarse a algo tangible, si bien la fe es importante, y la oración me trajo algo de paz y calma en medio de la tormenta, al final mi mamá sigue enferma.

—Buenas tardes, los que vienen a la visita, por favor vayan formando la fila. —dice el guardia de seguridad.

Nos empiezan a agrupar en varias filas, de acuerdo al piso donde el paciente que vamos a visitar se encuentra hospitalizado. Empiezan a dejar entrar a las personas. La mecánica es la siguiente: el visitante indica el nombre y el piso del paciente, y el guardia de seguridad con lista impresa, ubica el nombre del paciente y tacha el nombre; indicando que ya hay un visitante para ese paciente. De este modo, si alguien intenta ingresar al hospital, y da el nombre de un paciente que ya fue tachado de la lista, el guardia procede a indicar que ya hay alguien arriba visitando a ese paciente. Arcaico, pero efectivo el método.

Una vez en la sala, llego al cuarto de mi mamá. Sigue sedada. Aprovecho y conecto el celular al tomacorriente para cargarlo, y así poder comunicarme con ella cuando despierte. Me pongo a acomodar las cosas que había traído el sábado, puesto que, si las subieron, pero las dejaron ahí tiradas al pie de la cama. Aprovecho para recoger las sábanas y el pijama lleno de sangre del día de la admisión, puesto que se había sacado el catéter del abdomen. Una vez todo acomodado, me siento a su lado, contemplándola. Tiene un monitor de ritmos cardiacos conectado, así como oxígeno. Los medicamentos los recibe vía intravenosa. En la mesa que esta junto a la cama, una hoja de control para las enfermeras, cada dos horas viene alguien a moverla de posición, y a verificar la sonda que le colocaron para orinar.

Llega una enfermera mientras estoy con ella.

— ¿Pueden despertarla? —pregunto.

—Empezara a gritar del dolor. Sedada es la única formar de poder controlarle el dolor. Si insiste, puedo preguntar si la podemos despertar.

—No, no se preocupe.

La enfermera se retira del cuarto.

Me quedo contemplando la ventana, la visita de la ciudad es impresionante, y le tomo una foto. Se que a ella le hubiese encantado ver esa vista, dado que siempre se quejó que la ocasión en que estuvo hospitalizada, la ventana de su cuarto solo tenía vista hacia el matorral de la parte de atrás del hospital.

El hospital de cáncer está ubicado en una vieja infraestructura que sirvió como hospital militar hasta 1999, cuando la zona del canal fue revertida a manos panameñas, se tomó entonces la decisión que el hospital de cáncer utilizara este edificio. Con el paso de los anos, el edificio se ha ido deteriorando ante la falta de un mantenimiento periódico.

En mi mente, ruego porque mamá se despierte, aunque sea un momentito para saludar, y que vea que estoy aquí. Tomo de su mano, y le hablo, con la esperanza que quizás en su subconsciente pueda escuchar mis palabras. Ya faltan quince minutos para que se acabe la visita, pero algo me dice que debería quedarme más tiempo. El celular está en casi 86% de carga, gracias al cargador rápido que traje. Aprovecho los últimos minutos para buscar hielo, pues sé que, si se levanta, va a querer hielo y probablemente las auxiliares y enfermeras no tendrán oportunidad de dárselo.

Empieza el guardia de seguridad a caminar por la sala, yendo cuarto por cuarto para avisar que la hora de visita está por terminar. Lo único que se me ocurrió, fue dejar una nota, para cuando despierte, sepa que estuve aquí. Desconecto el celular, y se lo dejo sobre la mesa junto a la cama, escribo una nota en ingles que dice: *"I was here today, please get well son. I love you mom. Joel"*. Y una posdata indicando que había dejado el celular cargando.

Me quedé quince minutos pasada la hora de visita, hasta las siete y quince. Quiero quedarme, siento que debo quedarme y no debo dejarla sola. El guardia de seguridad solo se para en la puerta del cuarto, y no articula palabra alguna. Me despido de mamá, tomo las cosas y salgo del cuarto. En lugar de esperar el ascensor, prefiero tomar las escaleras. Mientras salgo y me voy alejando del hospital, miro hacia atrás constantemente, hacia las ventanas de los cuartos, luego miro hacia adelante, y sigo mi camino. Camino de vuelta, desde el hospital hasta la estación del metro. La vía está bastante concurrida, dado que muchas personas que se dirigen a Panama Oeste, utilizan la avenida de los mártires para llegar al puente de las Américas.

Llego a casa y de una vez pongo a lavar las sábanas y la ropa sucia, le escribo a mi hermana para contarle como me fue en la visita. Me preparo un emparedado para cenar, y veo la televisión para distraerme. Si bien, estoy un poco más tranquilo porque al menos pude ver a mi mamá, y sé que tiene todo lo que necesita para cuando despierte, no puedo dejar de pensar en el hecho de que esta sola en el hospital, y en cuando podrá volver a casa. Aunque la dinámica en casa suponía un reto día tras día, al menos tenía la tranquilidad de saber que estaba aquí, hay días buenos y días no tan buenos, pero lo que realmente importaba es que estamos juntos. Cuando quisiera, podía simplemente ir a su habitación y preguntarle cómo se siente, o sentarme a escuchar alguna historia de cuando era niña, o hablar de cualquier tema.

Bien esboza un adagio, que toca perder algo, para empezar a darle valor, pues fueron muchas las noches en que no quería venir a casa, para no tener que lidiar con la enfermedad, con las quejas, con tener que levantarme en medio de la madrugada porque necesitaba algo, fueron muchas las veces que aun en la enfermedad, prioricé a otras cosas y a otras personas, y no estuve con mi madre. Recuerdo ahora y me duele, duele como una daga en el costado la cual le dan vueltas constantemente, esa frase que siempre decía, que uno nunca sabe si esta será la última navidad, el ultimo cumpleaños, nunca se sabe cuándo será la última vez. El golpe resulta ser certero en mi caso, porque ultimo cumpleaños llegó y me lo perdí. La última navidad llegó y siento que no la pude disfrutar.

En medio de mis pensamientos, ya acostado en la cama, me quedo dormido con la luz de la lampara y el televisor encendido. Mañana será otro día.

Capítulo 22

Son casi las seis de la mañana. El amanecer del cielo, despejado. El rocío sobre las hojas de los árboles, y muy a lo lejos, el ruido de los gorriones anunciando la mañana. Casi ni pude dormir la noche anterior, pensando. Cada tanto revisaba el celular, por si se había levantado durante la noche para escribir. O por si había leído la nota que le deje.

Termino de alistarme para salir hacia el trabajo. Estoy terminando de desayunar, mientras leo las noticias. En ese momento, suena el celular. Es mi hermana. Son poco pasadas las seis y cuarenta de la mañana.

—Alo. —respondo.

—Me acaban de llamar del hospital. Para decirme que mi mamá falleció. —me dice.

— ¿Qué? —exclamo. - pero ¿cómo fue? ¿Qué te dijeron?

—Nada, solo me dijeron: "buenas joven, para decirle que su mamá falleció. Intentamos llamarla más temprano, pero no contestaba", y me cerraron.

—Pero eso no puede ser. ¿No te dijeron a donde había que ir o que hay que hacer?

—No, nada. Me cerraron el teléfono. Y al intentar devolver la llamada, sale como si fuera una central telefónica y nadie contesta.

—Tenemos que ir para allá. Yo aún estoy en casa, justo me estaba preparando para salir hacia el trabajo, ven para acá. De aquí, salimos para el hospital.

—Está bien —responde.

Todo en este momento parece tan surreal. Ni siquiera había podido terminar de procesar la enfermedad, cuando ahora me enfrentaba a procesar la muerte de mi madre. Toda una vorágine de sentimientos y emociones invadían mi ser. Apenas pude llamar a mi jefa para indicarle lo que paso. Al instante intenta llamarme, mas no soy capaz de responder. Le escribo un mensaje de texto para disculparme, de verdad en este momento no quisiera tener que hablar con nadie.

Luego de eso, procedo a enviarle un mensaje a uno de los miembros de mi equipo, tendrá que liderar la presentación que teníamos con el cliente. Era la primera vez que iba a tener que faltar a una reunión. En todo momento, siempre traté de ser responsable, cumplir con las tareas que se me asignaba. Eso me había ensenado mi madre.

Al llegar mi hermana, con una camisa negra y visiblemente afectada. Me dispongo a llamar al transporte, y salimos rumbo al hospital.

Durante el trayecto, no sabía que decir o que pensar. Todas las preguntas que tenía, acabaron justo al momento de ir subiendo por la rampa hacia la entrada del hospital. Se me empezó a hacer un nudo en la garganta. Como siempre, el lugar estaba lleno de gente, gente esperando para atención en cita, gente esperando para quimioterapia, junto con sus familiares. En ese momento, recordé de golpe todo aquello que habíamos vivido a lo largo de estos cuatro meses. Los viajes constantes, las trasnochadas, las madrugadas, el estrés, la ansiedad de no saber que pasaría. Todo eso había llegado a su fin, solo que aun precio que no había logrado siquiera dimensionar. Si, sabía que mi madre iba a morir, su cáncer estaba demasiado avanzado, solo que nunca pensé que sería tan intempestivamente. Siempre pensé que tendríamos tiempo para conversar, para atender todos los asuntos pendientes, que podría despedirme. Lo que más me estaba doliendo era la sensación de que había tantas cosas pendientes por decir, tantas cosas pendientes por vivir. Ella no se quería morir, se aferraba a una vida que, a mi juicio, ya ni siquiera valía la pena ser vivida. Y ahora, a mí me iba a tocar vivir esa vida, sin ella.

—Voy a registrar la cedula en la computadora, para ver qué me dice —le digo a mi hermana.

Al introducir la cedula de mi mamá, salía un mensaje "por favor diríjase a registro medico". Evidentemente, ya la habían sacado del sistema.

Le preguntamos al guardia de seguridad donde queda registro médico, y nos dirigimos a ese sitio. Había una fila de personas, esperando para ser atendidas en esta área, a través de una ventana muy pequeña.

Pasados algunos minutos, finalmente es nuestro turno.

—Buenos días, recibimos una llamada indicando que mi madre había fallecido. Ella estaba hospitalizada —le indico a la secretaria.

—Bríndeme el nombre y número de cedula —responde a secas.

Se me empiezan a aguar los ojos, y el nudo en la garganta en este punto ya casi no me permite articular palabra. De la mejor manera, le doy la información a la secretaria, mientras as mi hermana espera en un rincón aparte.

—Pase —me dice la secretaria mientras abre la puerta.

Luego de tomar asiento, me pasa algunas copias, entre ellas el parte clínico de defunción de mi madre. Causa de la muerte: metástasis hepática carcinosarcoma endometrial. Hora de la muerte: 5:10 am.

—Vaya a la caja con este tiquete, y pague $0.05. Es para las copias. —me dice - luego regrese.

Sigo la instrucción de la secretaria, y me dirijo hacia la caja, la cual estaba atravesando el área de los consultorios, donde estaba mucha gente esperando para ser atendida. Por un instante, empiezo a mirar para todos lados, no puedo pasar entre tantas personas. Siento que no aguanto más, y que necesito gritar, llorar, decir tantas cosas. No obstante, de lo que mejor me enseñó cuando era pequeño, me trago todas aquellas emociones, y formo la fila para pagar las copias.

De vuelta, le entrego la factura a la secretaria.

— ¿Ya tienen funeraria?

—No —respondo.

—Aquí tienes las copias. Una es para la funeraria. Cuando tengas el nombre de la funeraria, vienes acá para dar el nombre y les entregas este documento. Con el mismo, deberás acompañarlos a la morgue.

—Entiendo. ¿Dónde están los artículos personales de mi mamá? —pregunto.

— ¿Ella estaba sola en la sala?

—Si, mi hermana iba a venir hoy precisamente. Ayer yo estuve con ella.

—Debes hablar con el guardia de seguridad, para ver si te deja subir a buscarlas.

—Gracias.

Mientras mi hermana sigue afuera, en un rincón viendo algo en el celular, me dispongo a hablar con el guardia de seguridad. En eso, me aborda una señora. Alta, con un sombrero y vestida de hilo, con anteojos.

—Hola, buenos días —me dice.

—Buenos días. —respondo mientras intento seguir mi camino.

—Mi más sentido pésame. —dice mientras toma de mi brazo.

Yo no respondo nada.

—Es que lo vi salir del área de registro médico. Entiendo que es un momento difícil para usted y su familia.

—Gracias —respondo mientras nuevamente intento seguir mi camino.

—Quería entregarle mi tarjeta, por si necesita ayuda...

Se trata de una funeraria.

—Llámeme si necesita algo. Estamos ubicados aquí cerca, en la avenida... —alcanzo a escuchar mientras me voy alejando.

Me acerco hacia donde está el guardia. Noto que era el mismo guardia del día anterior. Al decirle mi situación, levanta el teléfono que tiene sobre su escritorio, y llama a la sala. Le da los datos de mi mamá a la enfermera, la cual le dice algo que no alcanzo a escuchar.

—Bien, puede subir uno —nos dice a mi hermana y a mí.

—Yo voy —le digo —a fin de cuentas, fui yo quien trajo las cosas y puedo asegurarme que no haga falta nada.

Subo por las escaleras para llegar más rápido. Una vez llego a la sala, le indico a la enfermera que está detrás del escritorio, que vengo a retirar las cosas de mi mamá. Le doy el nombre y el número del cuarto. Me indican que no puedo pasar, pero que tome asiento y que ya las van a traer. Mientras espero, no se otra cosa más que pensar, que ayer había venido a este mismo lugar a traer unas botellas de agua, y me había llevado unas sabanas para lavarlas, y hoy mi mamá está muerta.

Al cabo de varios minutos, se aproxima un auxiliar con una bolsa roja, la cual tiene el nombre y la cedula de mi mamá pegado.

—Aquí tiene —me dice.

Dentro de la bolsa veo las almohadas, las sábanas que le había dejado (aún estaban tibias y con su olor), el cepillo de dientes, unas batas, dos jugos, una botella de agua y la nota que le había dejado.

—Disculpe, aquí faltan cosas. —le digo al auxiliar.

—Eso era todo lo que había —me dice en actitud desafiante.

—No puede ser, falta una maleta negra grande. También traje una hielera pequeña, y su celular. Ayer traje una caja de botellas de agua… —respondo.

—Bueno, eso era todo lo que había —responde el sujeto, mientras se aleja.

Me aproximo al puesto de enfermería nuevamente.

—Disculpe, me dieron esta bolsa, pero faltan más cosas —le indico a la enfermera.

— ¿Ella estaba sola? —me dice.

—Si.

—Bueno, ella no debía estar sola si estaba sedada…

—Pero eso no les da derecho a robarse las cosas de una persona que ha fallecido.

—No sé, esto paso en la madrugada y esos compañeros ya se fueron. Déjeme ver si los llamo para ver que me dicen.

—Por favor, se lo agradezco. Verifiquen en el armario que está detrás de la puerta. También en el gavetero que esta al fondo.

Me siento a esperar nuevamente en unos sillones que tienen afuera. Luego de un rato, viene el mismo auxiliar, con la hielera y otras cosas que estaban en el gavetero frente a la cama. Mientras tanto, yo llamo al celular para ver si alguien me contesta. El celular suena, pero nadie responde.

—El compañero del turno de la madrugada no contesta, si quiere déjeme su número de teléfono y cuando me conteste se le devuelve la llamada.

—No me puedo ir sin el resto de las cosas, sobre todo el celular. En ese celular están las fotos de la última navidad que tuvimos en casa, las fotos de los días que vinimos a las citas, por favor. El celular en si no me interesa, solo necesito la información que contiene…

Nadie articula palabra alguna. Regreso al sillón y me siento. Todo lo que estaba experimentando era tan surreal, no conforme con tener que procesar la muerte de mi madre, sus cosas no aparecen. Y la ayuda del personal médico en sala es prácticamente nula. Con un silencio casi que cómplice. Entre tanto, le escribo a mi hermana para decirle lo que está pasando.

Después de mucho insistir, viene el auxiliar nuevamente, esta vez con la maleta. Empiezo a revisar y valido que todo este completo dentro de la misma. Ahora solo queda que aparezca el celular, el cargador y los audífonos.

Yo sigo sentado en el sillón, esperando por un milagro. Pidiéndole a mi mamá en ese momento, donde quiera que este, que me ayude a encontrar sus cosas. Pasa una enfermera, que estaba junto a la otra con la que estaba conversando en el puesto de enfermería.

— ¿Ya apareció todo? —me pregunta.

—No, no aparece el celular, ni el cargador ni los audífonos. —le digo con un nudo en la garganta y los ojos aguados. —he estado llamando y el celular está sonando, pero nadie lo contesta. Yo se lo había dejado cargado, por si se despertaba y pudiera comunicarse…

—Déjeme ver —me dice.

Unos cinco minutos después, la enfermera regresa.

—Llame nuevamente para ver…

Empiezo a llamar, y el celular está sonando. La enfermera viene con el teléfono en la mano, y ve que está sonando. En el identificador sale tal cual me tenía guardado: "Cel Del Trabajo de Joel".

—Aquí esta. —me dice. —el compañero contestó y dijo que lo habían dejado guardado en nuestros casilleros, esperando a que alguien lo reclamara...

—Muchísimas gracias, de verdad no tiene idea lo que significa.

Viene justo en ese momento la otra enfermera con la que estuve conversando, con los audífonos y el cargador.

—Yo creo que esto también estaba con ese celular…

—Si, muchísimas gracias. Y disculpen por cualquier inconveniente. —les digo.

—No se preocupe —me dice.

Con todas las cosas encima, esta vez tomo el ascensor. Una vez abajo, mi hermana me ayuda con las cosas. Le cuento por todo lo que pasé. Tardé poco más de una hora en conseguir todo.

Pasado esto, nos disponemos a realizar todos los tramites con la funeraria, y luego vamos a comer al centro comercial. En un momento, mi hermana se aleja para ir a buscar algo a un almacén, mientras me quedo solo pensando, nuevamente vienen todos los recuerdos de golpe, y empiezo a sentir la necesidad de exteriorizar todo cuando estaba sintiendo en ese momento, más me contengo.

Al caer la tarde, luego de haber dejado las cosas en casa, decido ir a trabajar. Necesitaba distraer la mente de alguna manera, para dejar de pensar. Me siento en la sala por unos minutos, y recuerdo una conversación que tuve una vez con mi mamá, hace unos dos meses atrás…

—Mamá, estaba trabajando. Por eso no podía contestar…

—Tú no sabes si era una urgencia o si necesitaba algo... —me dice en tono de reclamo.

—Todo estaba bien, si hubiese sido una emergencia. Yami o Alex me hubiesen llamado.

—Tu siempre estas metido en ese trabajo… —dice, junto con una serie de insultos.

—Necesito cuidar mi trabajo. Si no trabajo, no voy a poder costear este sitio, las medicinas que no podemos conseguir en el hospital, la comida, etc...

—Tu mamá tiene que ser tu prioridad.

—Y lo es, pero entendamos algo. El tiempo allá afuera no se ha detenido. El hecho de que mi mundo se haya detenido, no significa que el mundo allá afuera se haya detenido porque usted tiene cáncer.

—Cuando me muera, todo tu mundo se habrá detenido. Y te acordaras de este momento…

Cuánta razón tenía mi mamá en ese momento, pues ahora recuerdo sus palabras. Y recuerdo precisamente ese momento. Miro hacia el reloj que está en la sala, lo tomo y le cambio la hora. Luego le saco la batería. Hago lo mismo con los relojes que están en el pasillo, la recamara, la cocina y el baño de visitas. Todos marcando la misma hora. Luego recuerdo que ella siempre decía que era de mala suerte tener relojes detenidos, así que simplemente los quito de las paredes. Me quito el reloj que tengo en la muñeca izquierda, le acomodo la hora, y lo guardo en la cómoda de mi habitación, no sin antes hacer la misma operación con todos los otros relojes tipo pulsera en mi habitación. Todos marcando la misma hora, la hora en la que legítimamente todo mi mundo ahora si se ha detenido: las cinco y diez…

Me voy al trabajo, para hacer de cuenta que nada ha pasado. No comento nada de lo sucedido. La única persona que sabe que mi mamá ha fallecido es mi jefa.

Capítulo 23

A la mañana siguiente, me levanto. Es miércoles. Afuera el día esta soleado, un día como cualquier otro, salvo por un detalle: mi mamá lleva un día de estar muerta. Todo se siente tan diferente, para mí. Afuera, todo está exactamente igual. Hemos programado el sepelio de mi mamá para el día viernes, esto para darle tiempo a la funeraria de realizar algunos trámites, preparar unos recordatorios y terminar una foto de mi mamá que estará ese día.

La peor parte, son las llamadas y los mensajes de las personas, que además de querer dar el pésame, o decir que me acompañan en mi dolor, viene acompañado de un largo discurso sobre la vida, la muerte y la paz al encontrar el descanso. Por más que quisiera yo ser agradecido, y entendiendo que la gente lo hace de buena fe, la verdad es que en este punto lo que menos quiero escuchar es un discurso largo sobre la vida y la muerte; o que mi mamá ahora está en un lugar mejor. El único lugar mejor en el que hubiese querido que estuviera, era en casa.

Tener que ser fuerte es la parte más difícil de todo este proceso, recordar sus palabras: "tienes que ser fuerte", o "no puedes llorar", sin importar el escenario, es precisamente lo que más pudiera bien encolerizarme, porque a pesar de tener un derecho inalienable a sentirme de la manera en que me siento, aun así, siento que no puedo, porque sería una falta de respeto hacia su memoria.

En el trabajo, trato de enfocarme lo más que pueda, después de todo, el mundo y la vida continua, la vida continua, aunque haya pasado solo un día.

En el ínterin, cada tanto recibo llamadas de funerarias, para ofrecer sus servicios. Intrigado por como consiguieron mi número, cuestiono al respecto, y cada una con una excusa diferente. Investigando, descubrí que tanto personal médico como administrativo de algunos hospitales, aparentemente venden esta información a las funerarias, para que estos así contacten a los familiares de los pacientes. Esto, a todas luces, no solo ilegal sino antiético, parece ser un secreto a voces, pero que nadie puede probar.

Al día siguiente, me levanto y termino de acomodar unas cosas en casa, pues debo ir a la lavandería a buscar el vestido con el que enterraremos a mi mamá. Un vestido nuevo color beige, de hilo y corte recto, el cual mi hermana le había comprado para ir a citas médicas. Mi mamá había llegado a probarse el vestido cuando estaba viva, y le había gustado mucho. Decidimos que ese sería el vestido elegido. Adicional a esto, la funeraria había pedido llevar alcohol, una toalla, medias, y un perfume. Este último era opcional. Preparo todo, y voy a la cómoda en la recamara de mi mamá, y poco más de ciento ochenta perfumes, casi todos sin usar. Le encantaban mucho los perfumes y las cremas hidratantes para la piel y la cara. En lugar de decidir que perfume le harán de colocar, decido simplemente empacarlos todos, al fin y al cabo, no tengo nada que hacer con esos perfumes.

Salgo de casa y voy a la lavandería a retirar el vestido, para ir luego a la funeraria, que está en el centro de la ciudad. El tráfico es pesado, son poco más de las diez de la mañana. Finalmente llego al lugar, allá esta mi hermana esperando, entregamos las cosas, y cuadramos con el personal de la funeraria el retiro del cuerpo en la morgue para el día siguiente, temprano. Esto le dará tiempo de preparar el cuerpo, pues no sabemos en qué estado estaría.

Terminada la diligencia, tomo el metro rumbo hacia mi trabajo, pues además de distraerme, sabía que no estaría solo, no obstante, al llegar a la oficina, me siento desorientado. Camino alrededor, escucho voces, y el ajetreo del día a día, pero igual me sigo sintiendo solo, desolado, vacío...

En ese momento entendí algo que quizás ya sabía en mi subconsciente, sim embargo me negaba a aceptar, y es el hecho de que sentirse solo es una sensación terrible cuando se está pasando por un momento complejo, pero es mil veces peor; casi como si te insertaran una daga en el corazón, y luego le dieran vueltas; el estar acompañado de muchas personas, el escuchar voces de aliento de personas que dicen tenerte aprecio y estima, pero igual sentirte solo.

El no saber cómo gestionar este tipo de emociones, juega sin lugar a dudas una mala pasada, hace que quieras alienarte, cual porfiado por la sociedad, mas no por voluntad propia, sino por necesidad. Una necesidad de que todo vuelva a ser como antes, aun sabiendo que no se puede, una necesidad de pedir ayuda, pero sabiendo que nada ni nadie podrá ayudar. Refugio en la fe incluso, pues no queda sino el consuelo, los recuerdos de lo vivido, las enseñanzas; que ahora solo vivirán en mi subconsciente. Porque, aunque mi corazón este devastado, jamás pudiera negar, que fueron tantos los momentos que viví, y que ahora atesorare, momentos que di por sentado, y ahora quisiera devolver el tiempo, a ese 3 de octubre de 2022, y contestar a la primera llamada.

Nunca, ni en la peor de mis pesadillas pensé, que de llegar a experimentar esto, habría de sentirme de esta manera, quizás por lo mucho que retumban sus palabras en mis oídos, de que cuando no estuviese, lo iba a lamentar para siempre, más yo con la arrogancia y pedantería que me caracterizaba, siempre respondía que no, pues según yo, de llegar el momento, habría de sentirme que di lo mejor de mí, no obstante me miro al espejo en el presente, y me sigo preguntando que más pude haber hecho, o que más pude haber dicho.

Hoy lamento esos abrazos que no di, esos besos que no di, esas bendiciones antes de irme que no quise recibir. Ayer daba todas esas cosas por sentadas, y hoy me hacen falta.

Solo me queda aferrarme, a ese consejo, de tantos que alguna vez me dio: tienes que ser fuerte…

Capítulo 24

Es jueves 27 de abril de 2023. Me acuesto temprano pues debo madrugar. El sepelio está programado para las once de la mañana. Me toca ir temprano a la morgue para encontrarme con el personal de la funeraria; allá reconocer el cuerpo, firmar los documentos de salida, de modo que la funeraria pueda preparar el cuerpo. No sabía en qué estado estaría, dado que, para el viernes, tendría tres días de haber muerto. El muchacho de la funeraria nos dijo que no había de que preocuparse.

Casi no logro conciliar el sueño, pues vienen a mi mente tantos recuerdos, a tal punto que pienso que todo esto se trata de un mal sueño, y que no debo sino despertar, y que mamá estará en su habitación viendo su telenovela turca en la televisión, gritando porque hay un plato sucio en el fregadero.

A la mañana, termino de vestirme para salir. Mi hermana me escribe para asegurarse que estoy bien, y que voy camino a hacer la diligencia, más el dolor empieza a invadir cada parte de mi ser, empiezo a sentir un mal estar en el pecho, y las manos me tiemblan. Me siento un momento en el sofá de la sala, y me doy cuenta que no podre hacerlo.

—Ven por favor, acompáñame. No podre ir solo después de todo —le digo a mi hermana.

—Si, está bien.

—De paso, aprovechamos y llevamos el condensador de oxígeno, y las ampollas de morfina que sobraron. Quizás le puedan servir a alguien más, así que pudiéramos devolverlo a la unidad de cuidados paliativos.

Espero a mi hermana, para salir juntos al hospital. Una vez llega a casa, preparo una bolsa con las ampollas de morfina, y el condensador de oxígeno. Habían cerca de ochenta ampollas de morfina. Salimos rumbo al hospital. Durante el camino vamos conversando tranquilamente, el tráfico está bastante despejado, son casi las ocho de la mañana. Justo cuando el auto va en línea recta por la avenida de los mártires, dobla a la izquierda y sigue en línea recta; tan pronto como empiezo a ver el edificio del hospital, se me arma un nudo en el estómago y la garganta, casi no puedo respirar, nuevamente se me empiezan a aguar lo ojos, no obstante, recuerdo que tengo que ser fuerte, y que este no es ni el lugar ni el momento. Al llegar, el hospital lleno como de costumbre.

Después de entregar las ampollas de morfina y el condensador de oxígeno, nos dirigimos a la morgue. Ya el muchacho de la funeraria nos estaba esperando. Había tres familias por delante de nosotros. El técnico de la morgue sale y le dice a una de las familias que puede pasar. Demoran unos cinco o diez minutos adentro, para luego salir. Ahora llaman a la siguiente familia.

—Ya pueden pasar, solo que debo decirles que la señora tiene como un hueco que le dejaron en la cabeza, que deberán cerrar —dice aquel hombre sin el más mínimo tacto.

Entra una persona, y reconocer el cuerpo de su familiar. Tardan un poco más que la familia anterior. Alcanzo a escuchar que la persona falleció en el salón de operaciones. Al cabo de casi veinticinco minutos, se van. Pasa el siguiente. A todas estas, estamos de pie afuera de la morgue esperando nuestro turno.

—Familiar de Maria Franceschi— llama aquel hombre.

—Aquí —respondo.

—Puede pasar.

Pasamos mi hermana y yo. Dentro de la morgue, había un escritorio con una silla en un cubículo, donde había muchos papeles. Al fondo a mano izquierda, tres o cuatro mesas, que es donde ponen los cuerpos. Los tiene cubiertos con sábanas blancas. En esas mismas mesas, el personal de las funerarias hace los arreglos de los cadáveres, los introducen en los ataúdes, para posteriormente llevárselos. Todo esto lo explicó el muchacho de nuestra funeraria, mientras esperábamos afuera nuestro turno.

—Firme aquí, por favor —me dice el técnico de la morgue.

Una vez firmados los documentos, pasamos al área donde están las mesas con los cadáveres. Aun en este punto, abrazo la esperanza de que todo sea un error, de que una vez me acerque a ese cadáver, no se trate de mi mamá, y que todo haya sido una confusión. Durante toda la espera afuera tuve esa esperanza. El muchacho de la funeraria pasa antes que nosotros, y mira el cuerpo.

— ¿Este es su familiar? —pregunta.

Yo me acerco, y trato de mirar de reojo para no atesorar esa imagen en mi mente por el resto de mi vida. Es la primera vez que me toca ver a una persona muerta.

—Si, es ella —respondo, mientras me retiro rápidamente.

Estaba pálida, tenía la boca abierta y llena de espuma. Los ojos estaban entre abiertos aun. Totalmente rapada la cabeza. La distención en el abdomen era más grande. Las unas de las manos estaban negras, las manos delgadas, y los pies hinchados. Alrededor del cuello tenía la piel arrugada al igual que el pecho, debido a la perdida estrepitosa de masa muscular. Tenía ganas de abrazarla, o de tan siquiera tomar su mano, pero no pude por falta de agallas. Mi hermana si se quedó un poco más de tiempo, mirándola fijamente.

—Ven, no creo que quieras recordarla así —le digo.

Mi hermana no dice nada, y salimos del área de las mesas.

—Bueno, me encargo de todo. ¿desean esperarme y nos vamos juntos a la iglesia o los veo allá? —nos pregunta el muchacho de la funeraria.

—Nos vemos allá. Tenemos que hacer unas cosas primero. Muchas gracias.

—No hay de que.

Saliendo del hospital, tomamos un taxi hasta la estación del metro, para ir a casa. En el camino, mi hermano escribe indicando que ya va saliendo, y que espera llegar a tiempo a la iglesia. El viene desde Panama

Oeste. Una vez en casa, nos terminamos de alistar para ir a la iglesia. Mi hermana le avisó a su jefa y algunas compañeras de su trabajo, las cuales decidieron ir. Por mi parte, solo asistieron dos personas del trabajo. El resto, familiares y amigos cercanos de muchos años, los cuales ni siquiera sabían que mi mamá estaba enferma. En un punto, mi mamá se rehusó a decirle a muchas personas sobre su enfermedad, dado que no quería sentirse que estaba importunando a personas que tenía algún tiempo sin tratar, y sobre todo porque al final contaba con el apoyo de sus hijos y su único nieto.

Cuando vamos saliendo camino a la iglesia, la cual está a escasos cinco minutos de distancia en automóvil, hay un descomunal tráfico vehicular para llegar, la fila de autos casi ni se mueve. En ese momento, nos llama un amigo muy cercano, el cual mi mamá siempre quiso como un sobrino.

—Joel, ya estoy aquí, pero veo que la misa ya está empezando. —me dice mientras confirma la dirección y nombre de la iglesia.

—Si, ya vamos llegando. Es que hay un tranque aquí mismo…

Cuando finalmente llegamos, entramos a la iglesia. La primera banca estaba vacía, reservada para nosotros. El musico de la iglesia había empezado a tocar una canción con la guitarra y a cantar. El ataúd estaba en el centro, junto con varios arreglos florales, todos grandes. Uno sobresalta de los demás, tenía flores blancas, y un listón negro con letras doradas y relieve en dorado; mostrando el nombre de la familia de mi jefa, quien no pudo asistir por estar de viaje en el extranjero.

Empieza la misa, nuevamente yo con los ojos aguados, con un nudo en la garganta y mareado, trato de mantenerme en pie. Cada vez que miro al ataúd, siento una especie de punzada en el pecho, como si me estuviesen clavando miles de agujas al mismo tiempo, y por fracción de segundos. El ataúd estaba cerrado.

Llega el momento de decir unas palabras, me pregunta mi hermana si quiero subir al pulpito y decir algunas palabras, no obstante, no soy siquiera capaz de mantenerme en pie, así que simplemente digo que no. Miro hacia atrás, y le pido a mi tía diga unas palabras. Estoy total y completamente destrozado por dentro, y aun cuando solo quisiera salir corriendo, solo escucho un zumbido en el oído que me dice: tienes que ser fuerte.

Acabada la misa, vienen todos los asistentes a saludarnos. Aprovechamos para entregar los recordatorios y terminar de captar el libro de asistencias. Están listos para llevarse el cuerpo, sin embargo, el muchacho de la funeraria le dice a mi hermana que si desea ver como quedo antes de irse. Mi hermana me pregunta si quiero verla, y saco fuerzas de donde no tengo y digo que está bien. Al abrir el ataúd, un fuerte olor a almizcle, jazmín, y otras esencias se apodera del lugar, pues le habían puesto todos los perfumes que había entregado. Le colocaron la peluca que generalmente usaba para las citas, y la maquillaron. El vestido no tenía ni una sola arruga. Creo que a ella le hubiese gustado como la dejaron.

Salimos para el cementerio, y una vez ahí, nos indican cual es el lugar. Ya el hueco estaba abierto. Entre mi hermano, el muchacho de la funeraria y unos primos, llevamos el ataúd desde la carroza fúnebre hasta la tumba. Una vez ahí, el sepulturero indica que podemos decir unas palabras antes de empezar a bajar el cuerpo. Un calor sofocante en este momento, seco cual verano de enero soleado.

Decido tragar saliva dos veces, inhalo y exhalo aire dos veces, y empiezo a hablar.

—Muchas gracias a todos los que nos acompañaron en la misa y ahora acá en el cementerio. La verdad es que significa mucho para nosotros, dado que todo ha pasado tan rápido, estoy aun terminando de procesarlo. Hace apenas unos días, estábamos conversando en la sala de la casa, y mi mamá se aferraba a la vida más que nunca, su fe era lo que la sostenía cada día, pero se y soy consciente de que ya estaba padeciendo, y ella siempre decía que no quería padecer, pero tampoco se quería morir. Ahora, solo sé que ya no tiene dolor, y que esta con su abuelita que tanto amaba entrañablemente…

Luego de eso, un silencio se apodera del lugar. Mis hermanos no quieren decir nada. Mi hermana entonces le dice a nuestro primo que diga unas palabras. Él es un famoso orador motivacional y autor de libros de auto ayuda y superación. Luego de sus palabras, bajan el féretro, y empiezan los sepultureros a tirar la tierra. Yo ayudo a tirar la tierra.

Una vez terminado el entierro, vamos a casa para cambiarme, pues tengo todos los zapatos llenos de lodo, y la ropa sudada, para después ir a comer comida china con la familia; mis hermanos, mi sobrino y la pareja de mi hermana. Durante el almuerzo, conversamos algunas anécdotas con mi mamá, pues en este punto, solo nos queda aferrarnos a todos los recuerdos bonitos.

Terminado el almuerzo, regreso a casa. Me recuesto un momento sobre el sillón, a pensar en todo lo que pasó el día de hoy, entiendo que solo queda vivir un día a la vez. El silencio es ensordecedor, siento que debería estar haciendo algo, pero no sé qué hacer. Tomo un vaso de agua, y me siento nuevamente en el sofá de la sala. Entiendo que no queda más que una sola cosa por hacer, pues el encierro siento que me está consumiendo.

Decido entonces levantarme e ir a la oficina a trabajar. Alla todo tiene un sentido, y se perfectamente que debo hacer.

Capítulo 25

En su habitación, todas sus cosas, ropa nueva que había comprado en diciembre y que nunca se puso. Sus perfumes y cosas de uso personal. Procedo a ir sacando todo. La ropa la acomodo en tanques de plástico. Son siete en total. La voy a donar.

Hay también muchas sabanas, toallas, cortinas y manteles. Un sin número de enseres de cocina, dado que mi mamá amaba cocinar. Muchos adornos de cerámica y porcelana; cuadros y espejos; las plantas que con tanto esmero cuidaba. Cosas que para mí mamá tenían mucho significado y que representaban parte su identidad, pero para mí solo son cosas, cosas que además de ocupar espacio, me recuerdan a ella. Sumergido en el dolor que supone recordarla al ver sus cosas, decido entre vender algunas y otras regalarlas. En este momento, para mi entre menos cosas haya, mejor. Mejor en términos de no sucumbir ante el dolor y la ira que siento, de que muchas de esas cosas fueron prioridad para mi mamá en lugar de su salud, puesto que todas esas cosas están aquí, pero ella ya no está.

Han pasado ya varias semanas, y aun sigo sin poder terminar de procesar todo lo que estoy experimentando. Ya se acabaron los viajes al hospital de cáncer, las filas y espera para retiro de medicamentos, el tener que madrugar los jueves para las citas de oncología médica, ahora puedo dormir hasta diez horas al día, y a pesar de ello, me siento cansado. Cansado de llegar a una casa vacía, cansado de que cada vez que veo una noticia, sentir la necesidad de enviársela por mensaje directo en Instagram o a su número de teléfono, cansado de sentirme solo. La peor sensación en la vida no es sentirse solo, sino estar acompañado e igual sentirte solo.

Esa sensación de que te han arrebatado algo, algo por lo que sientes que pudiste haber luchado y no lo hiciste. El cansancio es más metal y emocional que físico.

En medio de la noche, sumergido en lo más profundo de mis sueños, gracias a algunos medicamentos recetado, me veo a mí mismo en nuestro antiguo apartamento, aquel en Jardín Olímpico. Estoy fregando unos platos, cuando miro hacia la sala, todo está oscuro. Solo hay una luz fluorescente encendida en la cocina. Continúo fregando los platos. Esta cocina tiene vista directa hacia la sala, cuando de repente, parpadeo y al volver a mirar hacia el sillón de la sala, la veo sentada. Vestida de blanco, pero con la cabeza totalmente rapada y al descubierto, trae sus anteojos puestos.

—Mamá, ¿Cómo esta? ¿Pero cómo? —pregunto asombrado.

Todo se siente tan real en este sueño.

—Bien, todo bien. —me responde.

— ¿Qué es lo último que recuerda? —pregunto anonadado.

—El día que fuimos al hospital particular, para lo de la transfusión de sangre.

—Eso fue hace casi tres meses atrás.

Ella solo me mira y sonríe. Hace gesto de negación.

—Tengo muchas preguntas, ¿Cómo es que esta aquí?

No me dice nada. Así que corro a abrazarla, mientras ella solo me da algunas palmadas en la espalda. Esta muy débil aparentemente, ya que no puede mantenerse en pie, y casi no puede extender los brazos, la piel le guinda por la pérdida de peso agresiva.

—Me siento mejor, ya no tengo dolor —me responde.

Yo no aguanto más, y empiezo a llorar. Ella solo me da palmadas en la espalda.

—Por favor, no quiero que se vaya. Perdóneme por no haber hecho nada.

No me responde nada. Acto seguido, siento un fuerte dolor de cabeza, y escucho un silbido agudo, el cual me saca del sueño, y despierto. Agitado y confundido, nuevamente trato de cerrar los ojos y conciliar el sueño, de modo que pueda volver a verla, mas no lo consigo. Ante bien, una fuerte jaqueca se apodera de mí. Quizás de tanto pensar en ella, mi subconsciente creó ese conjunto de imágenes que estaba en mi sueño, o quizás desde el cielo trate de decirme algo, no lo se. Solo se, que ese sueño se sintió tan real, que mi corazón se sintió resquebrajado al verle en ese estado, el mismo rostro que recuerdo cuando fui a la morgue a reconocer el cuerpo.

Unas semanas después, estoy terminando de corregir un ensayo, son casi la una de la mañana. El cansancio invade mi ser, y me quedo dormido. Sucumbido en lo más profundo del sueño, me veo en mi trabajo. Estoy próximo a salir, cuando me llega un mensaje de texto de mi mamá, indicando que me está esperando en el restaurante de hamburguesas. Le digo que en un momento voy para allá. Dado que este restaurante está cerca del trabajo, decido caminar. Al llegar, el restaurante este vacío. Las mesas de color chocolate, las paredes pintadas de blanco, pero con algunos cuadros de caricaturas y grafiti. La iluminación era muy brillante. Solo está la mesera junto a la barra, y una cajera detrás del mostrador. A lo lejos, a través de una ventana pequeña, se alcanza ver a dos personas más en la cocina. De fondo, música pop en inglés. La veo sentada de espalda a la puerta, con un vestido blanco, sandalias doradas, unas recién hechas, pero con la cabeza rapada, al descubierto, y anteojos.

—Mamá, ya estoy aquí —saludo.

—Ay te demoraste mucho y yo tenía mucha hambre así que ya pedí —me dice.

—Me vine caminando del site hasta acá.

—Tu siempre con tu tacañería, nada te costaba venir en carro.

—Bueno, ¿Qué me pidió para comer? —pregunto.

En ese momento, llega la mesara con una hamburguesa doble angus, con bastante lechuga, tomates, queso cheddar, tocino, pepinillos y salsas, acompañada de una guarnición de papas fritas y una gaseosa grande. La mesera le da ese plato a mi mamá, y ella empieza a comer.

— ¿Pero y mi comida? - le digo.

Viene entonces la mesara con una ensalada, y un vaso de agua.

—Ahí tienes tu comida —me dice mi mamá mientras se ríe.

—Pero ¿qué es esto? Mire el tamaño que yo tengo. Yo necesito carne, grasas...

—Lo que necesitas es comer saludable, que después estas en sobrepeso. No puedes estar comiendo como si no hubiera un mañana, además de no hacer ejercicio.

—Si, sobre todo con la hamburguesa que pidió para usted.

—Es diferente, acabo de pasar por una enfermedad.

—Precisamente, para celebrar que se ha recuperado, es que debemos pedir una hamburguesa con triple carne.

—No me recuperé, Joel. —me dice con voz resquebrajada.

En ese momento, despierto del sueño y me doy cuenta que las luces de la sala estaban encendidas, y que no había terminado la corrección del ensayo. Son poco las cuatro de la mañana. Termino de corregir aquel ensayo, pero no dejo de pensar en ese sueño tan extraño, sobre todo en el hecho que mi mamá desde que cumplió cincuenta años, había empezado una vida saludable: vegetales, proteína, casi no comía carne roja; y en cuanto estética: cremas rejuvenecedoras, acido hialuronato, colágeno, multivitaminas, y otras cosas. De hecho, hasta antes de enfermarse, mi madre no parecía que tuviera sesenta y cuatro años.

Lo otro que también me deja un tanto apesadumbrado, es que aun cuando fueron milésimas de segundo, esa imagen de su rostro en la morgue, perdura en lo más profundo de mi subconsciente.

Por las mañanas al despertar, aun guardo la esperanza que todo se trate de un sueño. Que aun mi madre estará con vida, preparando su café como todas las mañanas, mientras mira el noticiero matutino. Por las noches al acostarme, siento como si algo hiciese falta. Fueron tantas las veces, que, al llegar a casa, nunca dije palabra alguna, y ahora que ya no está, quisiera correr a darle un abrazo, solo para encontrarme con la dura realidad de que ya no está presente. Y si, le voy a extrañar, tal como dijo ese 20 de abril de 2023, que recordaría cada día, cuando ya no este, y que pude quizá haber hecho las cosas mejor de lo que las hice, y aun no pudiendo devolver el tiempo atrás, es tanta la culpa, y tan poco el ánimo.

En medio de la noche, la veo en sueños, los cuales son tan reales. En este sueño, la veo con un vestido crema, recién llegando de algún lugar, con varias bolsas de mandados. Estamos en la recepción de un edificio que no conozco. Una señora se tropieza con ella en la entrada.

—Buenos días señora Maria, oiga ¿Cómo se ha sentido?

—Muy bien la verdad —responde.

—Le ha sentado bien la cirugía.

—Así es, ya no me duele nada.

La charla corta con la que parece ser una vecina termina, y sigue su camino. El vestido es de tipo espalda al descubierto, visualizo una cicatriz desde la parte baja de la nuca hasta poco más de la parte baja de la espalda. Sigue caminando, sube las escaleras hasta llegar al segundo piso. Si, con todas las bolsas de los mandados que llevaba.

Al llegar, entra a un apartamento, el cual tampoco reconozco. Las paredes están pintadas de color salmón, hay unos sillones color gris, un balcón que mira hacia la calle. En la cocina, un mostrador de granito, nevera de dos puertas y estufa empotrada al mostrador. La cocina está llena de adornos, tal cual como a ella le gustaba. En la sala, algunos adornos de cerámica, y unos cuatros con un marco de 3 pulgadas aproximadamente, color chocolate. Las cortinas blancas en los costados, y dos o tres paños color crema, con una cenefa color mamey. Una alfombra en medio de la mesa de centro. Al otro extremo, un comedor circular de cuatro puestos. A mano izquierda, el pasillo que conduce a las habitaciones.

Se sienta en la sala y deja las bolsas en medio de la entrada. Mira fijamente alrededor, como si estuviese buscando algo. Yo salgo del pasillo, probablemente de una de las recamaras. La miro, y me emociono.

— ¡Mamá! —grito de la emoción.

No articula palabra alguna.

– ¿Dónde estaba? ¿Consiguió todas las cosas que fue a buscar? –le pregunto.

Nuevamente, mira alrededor y no articula palabra alguna. Al cabo de unos minutos, me mira. Trae puestos sus anteojos y la cabeza cubierta con un pañuelo color blanco. En ese momento, su rostro cambia, y se vuelve al rostro que vi cuando estuve en la morgue reconociendo el cuerpo. Yo me asusto, y doy unos pasos atrás. Empieza a mirarme fijamente, y toma de mi mano.

–Te voy a extrañar –me dice, mientras sonríe.

–Yo también –respondo, mientras empiezo a llorar.

Intento abrazarla, más ella no lo permite, solo mantiene mi mano sostenida con mucha fuera. En ese momento, me despierto del sueño, porque escucho que alguien grita mi nombre. Estoy sudado, y la mano derecha la tengo acalambrada y con marcas color rojo. No hay nadie conmigo.

Voy a la cocina, para tomar un poco de agua. La puerta del balcón está abierta, la cierro un poco, dado que la fuerte brisa mueve las cortinas. Regreso a la cama a intentar conciliar nuevamente el sueño, pues con mucha suerte, quizás vuelva a sonar con ella. Luego de varios minutos mirando para el techo, escucho un estruendo en la cocina, como si alguien estuviese sonando los sartenes y las ollas. No me levanto de la cama, y el ruido persiste. Finalmente, me levanto, para ver que es todo ese ruido. Todo estaba impecable.

Dicen que los sueños son imágenes e historias creadas a través del subconsciente, pero este al igual que los otros, se sintieron tan reales. Tal vez por esa sensación de que hubo temas que quedaron inconclusos, esa sensación de que no pude despedirme…

En otra ocasión, tuve un sueño aún más extraño. Todo se veía de color rojizo, y afuera, un calor sofocante. El sol tenía un color naranja. Estamos en diciembre, por lo que veo, ya que estamos decorando la casa para navidad. Mi mamá está sentada en su sillón, terminando de desenredar las rafias, para ponerle la decoración, mi hermana está en la cocina preparando algo, mientras yo estoy terminando de taladras unos agujeros en la pared, para así poder colocar unos adornos. Miro a mi mamá, y ella me mira mientras sonríe. No articula palabra alguna. Entonces suena el teléfono.

—Buenas tardes señor Jorge, tenemos un problema en el almacén con la mercancía que acaba de llegar. —me dice un señor de voz muy aguda y acento venezolano.

— Pero ¿qué pasó? —pregunto.

El empieza a contarme que faltan productos en los bultos, y que el proveedor alega que eso fue lo que se pidió, a pesar de que la orden de compra indica otra cantidad a lo recibido.

—Necesitamos que venga para acá —me dice.

—No puedo ir para allá. —le respondo.

—Pero no sabemos que hacer —me dice aquel hombre, bastante preocupado.

—Mi mamá está enferma de cáncer, esta pudiera ser la última navidad que pase con ella, ¿tú de verdad crees que voy a dejar todo acá en mi casa tirado para ir para allá? —le digo.

El hombre se queda callado.

—Mira, yo confió en el juicio de ustedes y en sus capacidades. Se que podrán resolverlo. —respondo.

Acto seguido, cierro el teléfono y apago el celular. Aparentemente, en este universo paralelo, soy gerente de un almacén. Yo miro a mi mamá y ella sonríe. No dice palabra alguna. Sigue terminando la decoración de la rafia, mientras yo continuo con la decoración en la sala. Despierto, y al ver el celular, son las ocho y veinte de la mañana, y tengo varios mensajes de mi jefa preguntándome cosas del trabajo, me levanto apresuradamente, pues voy tarde para el trabajo. En el camino, no hago más que pensar en ese sueño, y en cómo no tuve las agallas para priorizar a mi mamá por encima del trabajo cuando estaba viva, y ahora lo que más añoro, es volverle a ver, aunque sea por cinco minutos más, para disculparme por eso.

El mes que nunca quise que llegara, ha llegado. Diciembre era su mes, su época favorita del año. Aquí empezaba el estrés de sacar los adornos, de empezar a decorar, de definir el menú para la cena de navidad y año nuevo. Este año no hay decoración navideña, no es lo mismo sin ella. Ya su espíritu navideño contagiando a todos no está, solo vive en mi memoria, en las muchas fotografías que atesoramos a lo largo del tiempo. Para tener todos esos adornos llenándose de polvo, y ocupando espacio, decido llevarlos al trabajo, para que puedan ser aprovechados por personas que compartan el mismo espíritu navideño que tuvo mi mamá, espíritu navideño que yo ya no tengo. Todas las cosas de navidad las he regalado, incluyendo el pesebre con todas sus piezas, que año tras año mi mamá se esmeraba en hacerlo más grande y más bonito. Si me deshago de estas cosas, no es porque no signifiquen nada para mí; es que en realidad significan tanto para mí, pero al mismo tiempo, lo doloroso que es el verlas, pues no solo me recuerda a mi madre, sino que me recuerda la alegría que era el tenerla conmigo, alegría que sé que más nunca volveré a sentir.

Ahora siempre animo a las personas de mi equipo de trabajo, a que prioricen estar con sus padres y familiares, por encima de cualquier cosa. El trabajo está aquí, los compromisos siguen aquí, la vida sigue aquí, pero mi mamá ya se fue. Y eso es algo que ya no puedo cambiar.

Agradecimientos

A todas esas personas que estuvieron con nosotros, apoyándonos de una u otra manera, durante la enfermedad de mi madre, en especial a: Carmen de Aguilar, la familia Nevado, Neil Carrillo, Andrea Henry Olvera, Ines Lo Polito, Tilsa Gonzalez y Eric Lasso.

Jorge Morales - Franceschi

Jorge.moralesfranceschi@gmail.com

@jorgemf_11

Nace en la ciudad de Panamá, la tarde del martes 11 de junio de 1991. Cursó estudios de bachiller en ciencias en el prestigioso instituto José Dolores Moscote. Siempre se destacó como alumno ejemplar. Posteriormente ingresa a la universidad tecnológica de Panamá a cursar estudios de ingeniería civil.

Comenzó a escribir a la edad de 14 años algunos poemas y pensamientos.

El ensayo y la poesía siempre habían sido su predilección a lo largo de su adolescencia.

El 24 de diciembre del 2014 a las seis de la tarde, anuncia a través de sus redes sociales la publicación (de manera independiente) de su libro "A Quien Ama Las Emociones", un completo giro de ciento ochenta grados en su carrera como poeta y ensayista, pues incursiona en el género "cuentos" con esta obra; se trata de cinco historias donde predominan el amor, la fantasía, el suspenso, el romance, pero sobre todo la crítica hacia una sociedad y un sistema claramente en decadencia.

Adicional tiene un blog donde periódicamente publica artículos de opinión y ensayos sobre diversos temas de cultura general, así como algunos fragmentos más destacados de sus obras.

Seguido están, su primera novela "Un Inmigrante en tu corazón", que narra como el amor puede ser mucho más fuerte que las vicisitudes de la vida y el poemario "Te enamorarías de mí", su primer libro de poemas, que también incluye el cuento "Memorias de un amor en tiempos modernos". Con estas obras, consolida su versatilidad dentro del mundo literario contemporáneo.

Obras publicadas

–Pensamiento y Filosofía 2011 (Ensayo) descatalogado

–A Quien Ama Las Emociones 2015 (cuentos)

–Un Inmigrante En Tu Corazón 2015 (Novela)

–Te enamorarías de mi 2016 (poemas)

–Te enamorarías de mi–Edición Especial 2016 (poemas)

–El Amanecer Injusto 2018 (novela)

–A Quien Ama Las Emociones II 2020 (cuentos)

–Desde Bi Blog 2021 (artículos/ensayos)

–Veinticinco Poemas de Amor 2024 (poemas)

—El ocaso de mi ídolo 2024 (novela)

www.ingramcontent.com/pod-product-compliance
Lightning Source LLC
LaVergne TN
LVHW091259150826
845673LV00006B/1474

* 9 7 9 8 2 3 0 0 5 4 2 7 6 *